एक ऐसी जगह जो दुनिया बनाती है

एक ऐसी जगह जो दुनिया बनाती है

अमित कुमार

(अमित सिंह कुशवाहा)

KALPAZ

एक ऐसी जगह जो दुनिया बनाती है

ISBN: 978-93-5128-110-8

Rs. 150

भारत में सन् 2015 में प्रकाशित

कल्पाज़ पब्लिकेशन्स
सी–30, सत्यवती नगर,
दिल्ली– 110052

फोन :– 9212142040

ई–मेलः– kalpaz@hotmail.com

लेजर टाईप सेटिंग :– लक्की ग्राफिक्स, दिल्ली
मुद्रित :– चावला ऑफसेट प्रिंटर्स, दिल्ली

"मेरी माता जी

और

मेरे पिता जी एवम् गुरूजन

को

समर्पित"

आभार

आप जो अपने हाथों में पकड़े हुए हैं और ध्यान लगाकर पढ़ रहे हैं, इसे एक कहानी कहना उचित नहीं होगा, यह तो मेरी सोच है, मेरी 'कल्पना' है, मेरी मेहनत हैं, जो कि मैं इस माध्यम से आपके जेहन में उतारना चाहता हूँ । मेरा विश्वास है कि मैं इस लेखन के माध्यम से अपने विचार आप तक पहुँचा सकता हूँ। जब मैंने यह लेखन का कार्य शुरू किया तो मेरे माता–पिता ने मेरा हौसला बुलन्द किया। मेरी प्यारी बहनें तथा पत्नी नीपु सिंह और मेरे परिवार के सभी सदस्यों ने मुझे समस्याओं से अवगत कराया और अपनी–अपनी राय दे कर मेरा सहयोग किया।

हरिकेश सिंह बघेल और रीतेश जैसवाल जो कि मेरे स्कूल के दोस्त हैं, उन्होंने पहली बार मेरे हस्तलिखित को पढ़ा और मुझ में एक जोश पैदा कर दिया। उनकी, हस्तलिखित के प्रति मूल्यवान तारीफ मुझे उत्साहित होने से रोक ना सकी। वहीं मेरे कम्पनी के दोस्त–सिद्धान्त, प्रमोद चौधरी, योगेश और मेरे सीनियर्स पुल्कित वाजपेयी, आलोक त्रिपाठी, विनोद कुमार, हिमांशु, शैलेन्द्र, विनीत, नितेश और अन्य ने मेरे हस्तलिखित को पढ़कर इसे अच्छा तथा रोचक बताकर मेरे लेखन कार्य में चार चांद लगा दिए।

वहीं दूसरी तरफ मेरे इंजीनियरिंग तथा कॉलेज के दोस्त अम्ब्रीश मिश्रा, दीपक, अंजली मिश्रा, आलोक यादव, शिवेन्द्र यादव, सत्येन्द्र

सिंह, केतनकुशवाहा, धिरेन्द्र सिंह, अनिल यादव, रतन वर्मा, सर्वेश चौहान, राम निवास चौरसिया तथा मेरा जूनियर विवेक और सुनील चौरसिया एवम् अन्य सभी ने मुझे लेखन कार्य में प्रेरित किया।

मैं सदैव अपने गुरूजन के प्रति आभारी रहूंगा, जिन्होंने ज्ञान दे कर मुझे इस काबिल बनाया है तथा मेरे सोच और विचार को सराहा है।

मैं माता–पिता, गुरूजन और अपने सारे दोस्तों का आभारी हूँ जिन्होंने मुझे प्रोत्साहित करने के साथ, मेरा हर सम्भव सहयोग किया है।

भूमिका

आज हम एक महान देश भारतवर्ष का हिस्सा हैं इस देश को महान बनाने में छोटा–बड़ा, अच्छा–बुरा सभी का योगदान है। फिर भी इस महान देश की गलियों में हजारों चीख़, पुकारें सुनायी देती है। फिर भी कोई उनकी सुनने वाला नहीं है। कौन सुनेगा उनकी चीख–पुकार? कौन दिलायेगा उनकों मुक्ति? हम ही तो हैं इसकी वजह, अगर हम अपने आप पर काबू रखते तो शायद ऐसा नहीं होता।

राहुल ने एक छोटी सी बीमारी की वजह से मरना आसान समझा जब कि आशीष ने, एक भयंकर बीमारी 'एड्स' होने के बावजूद भी अपनी जिंदगी का एक–एक पल मौज मस्ती के साथ, अपने माता–पिता के साथ गुजारा और इस अमूल्य जिंदगी को मौत के मूँह में ढ़केलने के बजाय, समाज की सेवा के लिये समर्पित होना ठीक समझा।

इसका मतलब ये नहीं कि राहुल कायर था, उसे तो सुमित और आशीष ने मजाक बनाकर मरने पर मजबूर किया। जैसा कि हमारे समाज में चलता आ रहा है, अगरं किसी को इस तरह की बीमारी है तो लोग जीने नहीं देते, उसे मरने पर मजबूर करते हैं। काश! राहुल को कोई समझ पाता तो वह भी समाज के लिये, अपने मां–बाप के लिये जी सकता था।

'देश महान तो हम महान' लेकिन हमारे घिनौने कुकर्म जैसे बलात्कार करने के बाद क्या हम गौरवान्वित महसूस करते हैं? नहीं।

तो इस महान देश को चलाने वाले नेता इस बात को क्यों नहीं समझते है? अगर एक भयावह, डरावना, खौफनाक कानून होता तो हम पुरूष इस घिनौने कार्य में शामिल होने से बच जाते। इस देश का एक–एक मर्द गुहार लगा रहा है– ''प्लीज मुझमें डर पैदा करके मुझे कारावास या फांसी से बचा लो।''

विशेष नोट – इसमें दिये गये पात्रों के नाम, घटना तथा किसी राजनेता से कोई सम्बन्ध नहीं है, इस कहानी का कुछ हिस्सा सत्य हैं परन्तु लेखक की प्रस्तुति उसकी अपनी सोच है। इस सोच से किसी को आपत्ति है तो इसमे लेखक तथा प्रकाशक जिम्मेदार नहीं हैं।

क्रम–सूची

1

सैनिक स्कूल की रात बनी इतिहास

हर दिन की तरह उस दिन की भी शुरूआत हुई। मेरे डारमेट्री के कैडेट्स (छात्र सैनिक) सुबह साढ़े चार बजे उठे। हमारी हाउस वार्डेन ने आवाज लगाई–"उठो बेटे, उठो, पी. टी. का टाइम हो गया है। जल्दी से आधे घण्टे में तैयार हो कर बाहर आ जाओ।" हम सभी तो पहले से ही तैयार हो कर सोये रहते थे। रात में ही पी.टी. ड्रेस, नीला पैंट (हाफ) और हाफ सफेद शर्ट तथा पी.टी.शू पहन कर ही सोते थे। इसकी वजह यह थी कि रात के रैगिंग से बचने के लिए घन्टों बाथरूम तथा शौचालयों में छिपना पड़ता था तथा कभी–कभी वहीं पर सवेरा भी हो जाता था। इस वजह से सुबह की पी.टी. के लिए हम लोग पहले से ही तैयार रहते थे। क्योंकि पी.टी. ना जाने पर हाउस कैप्टन के पास फॉलेन (जाना) होना पड़ता था, रैगिंग और हैंडलिंग (पिटाई) दोनों होती थी तथा यहाँ पर फॉलेन का मतलब है–'एक लाइन में तीन छात्र सैनिकों को खड़े होकर अपने सीनियर के सामने जाना होता है।' जिससे हमेशा मुझको डर लगता था तथा फॉलेन के नाम से मेरी नानी याद आ जाती थीं।

ये जान–कर बड़ा ही अजीब लगा होगा कि–"शौचालय रूम में ही सवेरा हो जाता था।" मतलब हम सभी चार शौचालयों में कैसे आ

जाते थे, तो मैं बताऊ आप लोगों को कि सबसे पहले मैं मेस से बाहर निकलता और 180 की स्पीड में दौड़ता हुआ शास्त्री हाउस की तरफ भागता था। बीच में कोई सीनियर ना बुलाले, जल्दी से मैं अपनी डारमेट्री में जाता, जल्दी–2 अपने कपड़े चेन्ज करता तथा पी.टी. ड्रेस पहन कर अपने छिपने वाले जगह पर चला जाता था। थोड़ी देर बाद हमारे सभी शास्त्री हाउस कैडेट्स एक–एक करके अन्दर वही आते जाते और हम सभी शौचालय में भर जाते थे। मतलब 30 मिनट के अन्तराल में सभी शौचालयों में 6–6 कैडेट्स होते थे। हम सभी आराम से वहीं रात गुजारते। उस जगह के विषय में किसी भी सीनियर को पता नहीं था। वैसे भी वह जूनियर्स का था, वहां पर कोई सीनियर नहीं आता था। उसी जगह पर हम सभी एग्जाम के दिनों में पढ़ाई करते या टेस्ट की प्रिपरेशन लेकिन अक्सर हम सभी अन्दर ही आराम से सोते थे– क्योंकि हम लोगों को सोने के लिए बहुत कम समय मिलता था। वहाँ पर सोने का मजा ही कुछ और था– ये जान कर बहुत ही हैरानी होगी कि वैसी जगह पर नींद कैसे आ जाती थी। पर इसमें हैरान होने वाली कोई बात नहीं है। हम लोग उस जगह को बहुत साफ रखते थे तथा वहां पर हमेश एक लकड़ी का पटरा (गुट्खां) होता था, जो उसकी सीट पर रख देते और आराम से हम सभी 6 कैडेट्स नींद का आनन्द लेते थे। रोज सुबह एक–एक की ड्यूटी थी– जब साफ करने वाला आये तो साफ कराना है। इतना ही नहीं, हम लोग सीनियर्स का शौचालय चोरी–छिपे इस्तेमाल करते तथा अपना साफ रखते। इसकी वजह यह थी कि–कोई हम लोगों पर शक तक नहीं कर पाता कि हम लेग वहां पर जाकर कट मारते हैं। जब तक शास्त्री हाउस तथा शास्त्री हाउस से सटे नेहरू हाउस में डंडे की आवाज तथा रैगिंग में हंचिंग की आवाज और दरिंदों की तरह सीनियर्स की आवाज शान्त नहीं हो जाती, हम सभी वहीं पड़े रहते थे तथा देर रात के बाद जब बिल्कुल सन्नाटा होता तो वहां से आते थे। लेकिन कभी–कभी उसी जगह पर पूरी रात गुजारनी पड़ती थी। इस वक्त उस समय को याद करके बहुत ही अच्छा महसूस हो रहा है

तथा मुझे उनकी याद आ रही है जो हम सभी उस पल को एक साथ, एक जगह पर गुजारते थे। शायद आपने ऐसी रात कभीं नहीं गुजारी होगी।

मैडम की आवाज सुन कर हम सभी, सोने का बहाना करते, जबकि हम लोग जगे हुए होते थे। मैडम बार–बार आवाज लगाती– "उठो बेटा–उठों, पांच बजने वाले हैं, कितना सोओंगे, पी.टी. के लिए बाहर आओ।" तभी एक खड़ा होता और मैडम से बोलता– "गुडमॉर्निंग मैम", "आप जाओ, मैं सभी को जगाता हूँ।" और जब मैडम चली जाती थीं तो वह भी सो जाता था।

जब पांच बजते थे, तब एक बेसुरी आवाज सुनाई देती थी–"गेट आउट" जो की मेरा एक सीनियर चिल्लाता था। इसके बाद अगले पाँच मिनट में फॉलेन होना पड़ता था नहीं तो – पिटाई। हम सभी 'गेट आउट' सुनकर मशीन की तरह बाथरूम में भगते और मुँह धो कर फॉलेन में खड़े हो जाते थे। हमारे शास्त्री हाउस का एक कैडेट जिसका नाम 'बैभवलाल कौशल' था, वह हमेशा ही लास्ट में आता था और अलग 'सिक प्रेड' की लाइन में लग जाता था। 'सिकप्रेड' मतलब जो बीमार रहते, वे अलग लाइन लगाते और पी.टी. नहीं करते थे। इस तरह हम सभी फॉलेन में खड़े होकर काउंटींग करते और 'लेफ्ट–राइट–लेफ्ट–राइट परेड' करते पी.टी. ग्राउण्ड में पहुंचते थे। वहां पर हमारे पी.टी. हेड 'जे.नेगी' सर पहले से ही हमारे हाउस के पहुँचने का इन्तजार करते थे, हम लोग हमेशा लेट पहुँचते थे और हमारे ही हाउस की 'सिकप्रेड' लाइन भी लम्बी होती थी। 'सिकप्रेड' में कोई हो ना हो 'अजयराम यादव' जरूर होता था। क्योंकि उसका, जो शरीर था, वो हमेशा गर्म रहता था, उसको छूने पर लगता था कि उसको बुखार है इस वजह से वह हमेशा 'सिकप्रेड' में खड़ा होता और कोई पूछे तो बहाना बनाता – "मुझे बुखार है।"

जे. नेगी सर आवाज लगाते "एट राउण्ड आफ द ग्राउण्ड", अब

ग्राउण्ड के आठ चक्कर लगाते–लगाते हम लोगों की हालत खराब हो जाती थी। पर कर भी क्या सकते थे– सिनियर्स आंखे फाड़–फाड़ कर देखते कि कौन कटमार रहा है–और कौन नहीं?

इस तरह इतने बड़े ग्राउण्ड का आठ राउण्ड तथा पी.टी. और बेण्ड–स्ट्रेच आदि कर–कर के मुंह में धूल मिट्टी लग जाती थी।

फिर वहाँ से छूटने के बाद हम लोग भागकर सीधा अपने हाउस आते थे। अभी आकर थोड़ी सी राहत की साँस लेते, तभी हमारे हाउस कैप्टन आवाज लगाते– ''अबे बाहर आओ'' और साथ में तीन बार सीटी बजाते– एक बार मात्र एक सीटी मतलब सातवीं क्लास बाहर आओ फिर एक साथ दो सीटी यानी आठवीं क्लास बाहर आओ और लास्ट में एक साथ तीन सीटी मतलब नौवीं क्लास बाहर आओ। हम सभी दौड़कर बाहर निकलते और फॉलेन होते तो बोलते – ''शास्त्री हाउस तुम सब कटमारते हो। अगर इस बार 'हाउस प्रतियोगिता' में अपना हाउस पीछे आया तो तुम सब की तोड़ दूँगा।'' ''चलो बैंड हो जाओ''।

हम लोग 'बैंड' हो जाते और वे आवाज लगाते रहते – ''बैंड–स्ट्रेच और हम लोग बैंड पर बैंड और स्ट्रेच पर स्ट्रेच होते रहते।'' वह कभी पी.टी. नहीं जाता और रोज पी.टी. के बाद ''बैंड स्ट्रेच'' चिल्लाता था। कभी–कभी इतनी जल्दी–जल्दी ''बैंड स्ट्रेच'' आवाज लगाने लगता कि मैं तो कर ही नहीं पाता था। तो मुझे बाहर बुलाता और बोलता–''कटरू ज्यादा कटमार रहा हैं, चल मुर्गी बन जा और अपना 'बैक' स्ट्रेच बोलूँगा तो उठाना और जब बैंड बोलूँगा तो नीचे करना।'' मेरी तो और हालत खराब हो जाती, मैं बस तीन से चार बार अपना 'बैक–अप और डाउन' करता था।

इसके बाद वो आवाज लगाता 'अप', मैंने बस उसकी आवाज सुनी लेकिन अपना 'बैक' डाउन ही रखा। फिर चिल्लाया ''अप'' मैंने फिर भी अपनी बैंक 'डाउन' ही रखी। मैं कर भी क्या सकता था मुझ

से मुर्गा दो मिनट ही बना जाता था। इसके बाद मेरा पैर दर्द के मारे फटने लगता था। वो तो मुझे मुर्गी बनाता था। मैं आप को बता दूँ, मुर्गा बनने के लिए अपने पैरों के पीछे से अपने कान को पकड़ने होते थे पर मुर्गी बनने के लिए अपने हाथ को पैरों के आगे से पीछे की तरफ कर के अपने कान को पकड़ने होते थे। इस तरह मुर्गा बनकर 'अप–डाउन' करने पर केवल पैर दर्द करते हैं लेकिन मुर्गी बनकर 'अप–डाउन' करने पर हाथ और पैर दोनों दर्द करते हैं। इस तरह मैं मुर्गी बनकर मात्र तीन से चार बार ही 'अप और डाउन' कर पाया। फिर वह चिल्लाया – ''दीपराज अवस्थी, कमरे से हॉकी लाओ।'' मेरी तो हालत खराब हो गई। पर मुझे पता था, अब छः–सात हॉकी तो फोकट में ही सुबह–सुबह खानी पड़ेगी। दीपराज अवस्थी उसके कमरे से हॉकी लाया। ''लो सर।'' वह चिल्लाया– ''बैण्ड हो बे– बैंड हो।'' मैं मुर्गी का पोजीशन छोड़कर बैंड हो गया। वह मेरे बैक पर छः हॉकी मारा। मेरी तो हालत खराब हो गयी। मैं मन ही मन उसको माँ–बहन की गालियाँ दे रहा था। जब वह थोड़ा गुस्से से शान्त हुआ तो चिल्लाया– ''भाग जाओ, कल से कोई कट मारते नहीं मिलना चाहिए।'' हम लोग राहत की सांस लेकर उसकी माँ–बहन मन ही मन करते हुए भागे।

फिर क्या, हम अपने डारमेट्री में गये और अपने–अपने बिस्तर पर लेट गये। सभी अपना 'बैक' नीचे बिस्तर की तरफ कर के लेटे थे पर मैं क्या करता? छः हॉकी खायी थी तो–वो ऊपर के तरफ करके ही लेटना था। इस तरह हम लोग तैयार हो गये और अध्ययन का मजा लिये। जो रोज की दिनचर्या थी। इसी तरह हमारा दिन कटता था। पर जब हम लोग मेस में शास्त्री हाउस के टेबल पर रात्रि का खाना खाने बैठे थे तो एक नौवीं क्लास का सीनियर आया और टेबल पर बैठे सबसे किनारे वाले कैडेट् के कान में फूस–फूसाया। हम सभी समझ गये कि किसी न किसी के पास फॉलेन है और कमीना खाने के वक्ट ही टेंशन दे गया। पर मैं बहुत खुश था और मन ही मन बड़बड़ाया,

जो भी होगा वह अभी थोड़ी देर में एक दूसरे के कानों से होते हुए मेरे कान में भी पहुँच ही जायेगा। मेरे बगल में बैठा एक कैडेट मेरे कान में बोला– ''रात्रि के खाने के बाद..... सर के पास फॉलेन है।'' सभी खाना छोड़ कर एक दूसरे का मुंह देख रहे थे और डरे हुए थे। मैं खुश इसलिए था कि–तोताराम शास्त्री हाउस का खाना खिलाने वाला वेटर पूड़ियाँ लाता रहा और मैं आराम से खाता रहा। सभी फॉलेन का नाम सुन कर डर गये और उनका मन खाने के लिये नहीं कर रहा था। इस वजह से मुझे आराम से गर्मा–गर्म पूड़ियाँ मिल जाती, खास कर जब खाने के समय फॉलेन का न्यूज मिलता था, नहीं तो सब खाने पर दानव की तरह टूट जाते थे और तोताराम की लाई हुई पूड़ियाँ देखते ही देखते लूट हो जाती थी। मैंने आराम से भर पेट खाना खाया फिर लम्बी डकारें लगायी।

बगल में बैठा मेरा दोस्त विमल शाही मेरे ऊपर झल्लाया– ''यार तुम आराम से डकार लो नहीं तो फिर मरवाओगे। अभी कोई सीनियर सुन लेगा तो?'' मैं शांत हो गया और फिर पूछा – ''यार ये फॉलेन किस के पास है और तुम सब इतने डरे हुए क्यों हो?'' वह फिर चिल्लाकर बोला– ''तुम कभी किसी के फॉलेन में जाते हो?'' ''जाते तब तो जानते–कि क्यों हम लोगों की हालत खराब है।'' मैं भी थोड़ा डर गया और सीरियस हो गया तथा थोड़ी देर बाद फिर पूछा, वह जवाब दिया–''यार ये टण्डन हाउस का 'सुपर सीनियर है। वह बहुत ही खतरनाक है। वह कभी भी फॉलेन नहीं लगवाता लेकिन जब लगवाता है तो ई.डी. (एक्शट्रा ड्रील–दण्ड में एक्सरसाइज) नहीं कराता, बहुत मारता है। हॉकी और रॉड इतना मारता है जब तक की टूट न जाये और टूटने के बाद भी दूसरे सीनियर्स से ले लेता है।'' मैं और भी सीरियस हो गया अैर मेरे अंदर भी डर की लहर दौड़ गयी।

मैं खामोश था, डरा हुआ था और सोच रहा था, यार मुझे तो ज्यादा मार खाने का 'एक्सपीरियन्स' भी नहीं है– मैं कैसे झेलूंगा? तब

तक मेस के अंदर – मोटा, लम्बा, चौड़ा, काले रंग से भी काला, भयानक सकल वाला, गेंडे के समान दिखने वाला एक खूंखार सीनियर–एल.एम. भारती (ललीक मोहनी भारतीन) अंदर आया, और चिल्लाया 'क्वाइट', इतना शोर क्यों हो रहा है? ''स्पून की आवाज भी नहीं आनी चाहिए।'' मैं मन ही मन बड़बड़ाया – ''यार स्पून से मत खाओं हाथ से खाओ, स्पून की आवाज नहीं आयेगी।'' थोड़ी देर बाद मैंने उसको देखा, वह सब को घूर रहा था–और अपना शिकार ढूँढ़ रहा था। उसकी भयानक शक्ल देखकर मेरे 'माइण्ड' में एक 'आइडिया' आया– मैंने मन ही मन सोचा– ''मैं एल.एम.भारती जैसे खुंखार दानव के फॉलेन में गया ही नहीं तो जो सिर्फ दानव है, उसके फॉलेन में क्या जाना? और वह इतना खूंखार नहीं है तभी तो मैं उसका नाम तक जो नहीं जानता। क्योंकि मैं किसी के फॉलेन में नहीं जाता था। फिर मैं अपने हाउस के सारे कैडेट्स को देखा सभी के चेहरे पर बारह बजे हुए थे। सभी डरे हुए थे और खाना खाने की बजाय वे सभी एक–दूसरे की शक्ल देख रहे थे। इस तरह मैंने अपने खाने की स्पीड बढ़ा दी। पूड़ियाँ आती गयी, मैं उन पर हमला बोलता रहा। जब रोज की तरह मैं 20 पूड़ी खा गया तो इंतजार करने लगा की – बस मेस फिनिश हो और बोला जाय–''हे प्रभु! हम आप के इस प्रसाद के लिए आभारी हैं।'' और कोई चिल्लाये 'गेट आउट' तो मैं यहाँ से अपनी रोज छिपने वाली जगह भागूं। अभी मैं सोच ही रहा था कि तब तक मेरे हाउस का कैप्टन अपने टेबल से उठा और मेस की बेल बजायी, बेल बजते ही हम सभी खड़े हो गये और एक आवाज में चिल्लाये – ''हे प्रभु! हम आप के इस प्रसाद के लिए आभारी हैं।'' इसके बाद वह मेस से बाहर निकला। उसके बाहर निकलते ही मैं बहुत तेज भागा कि कोई मुझे देख ना ले और किसी काम में ना फंसा दे। मैं सीधा अपने कमरे में आकर रूका और कपड़े बदलने लगा, जल्दी–जल्दी नाईट सूट पहना, अभी मैं बाथरूम में जाने की कोशिश ही कर रहा था, तब तक मेरा रूम पार्टनर–'विमल शाही' आया और

खड़ा होकर हाँफता रहा, मतलब वह मेरे से भी तेजगति से भागकर आया था। वह बहुत डरा हुआ था और अपने आप से बड़बड़ाया– ''आज मार डालेगा, रोज–रोज कलेक्शन करो और इनको पीने के लिए पैसे दो। ना दो तो फॉलेन है।'' मैं सब समझ गया, उससे बोला– ''यार डर मत, उसके फॉलेन में मत जा, मैं भी नहीं जा रहा हूँ।'' वह बोला – ''नहीं यार, वह बहुत कमीना हैं, बहुत मारता है।'' ''अगर नहीं गया तो, बाद में फिर बुलायेगा और बाद में जो जायेगा, तुम समझ सकते हो फिर क्या करेगा?''

इतने में आवाज सुनाई दी– ''गेट आउट।'' मैं बहुत घबरा गया तथा उसकी बात सुनकर मैं भी बहुत डर गया और सोचने लगा, 'उसके फॉलेन में जाऊँ की ना जाऊँ।' इतने में मुझे एक आइडिया सुझा– वैसे वह आइडिया कोई नया नहीं, पुराना ही था। अक्सर मैं अपने अलमारी में छिप जाया करता और बाहर से ताला लगवा देता था।

वह जल्दी–जल्दी बाहर जाने की तैयारी करने लगा। मैं उससे बोला –''ओय विमल! एक सेकेण्ड।'' मैं उसके हाथ में अपना ताला दिया और बोला इसको बाहर से लगा दो, मैं अंदर ही रहूँगा। वह बड़बड़ाता हुआ बोला – ''जल्दी करो।'' मैं जल्दी से अपने अलमारी में घुस गया और अलमारी का दरवाजा चपका लिया। मैं अंदर अलमारी में आराम से बैठा था और बहुत खुश था। बाहर से धीमी–धीमी आवाज सुनाई दे रही थी कि बाहर क्या हो रहा है? पर मैं जो सोच रहा था, वह सब गलत था।

***

मैं अंदर सोने की कोशिश कर रहा था। अंदर नींद तो नहीं आ रही थी पर कोशिश जारी थी। ''अच्छा इधर आओ'' की आवाज मुझे सुनायी दी जो कि 'लहरीगौरव' सर की आवाज थी। मैं बहुत डर गया। वह अंदर आया और उसके साथ एक दसवीं क्लास का सीनियर भी था, जिसको अलमारी चाहिए थी।

लहरीगौरव बोला–''ये अलमारी चाहिए और विमल के अलमारी का दरवाजा खोला।'' अलमारी का दरवाजा खुला और झटके के साथ आवाजा आयी – ''खटाक।'' इस पर जो दसवीं क्लास का सीनियर था वह बोला'' सर ये बहुत आवाज कर रही हैं।'' तो उसने बोला– ''दूसरी देख लेते हैं।'' अब मैं समझा चलो ये दोनों चले जायेंगे।

मैं बहुत खुश हुआ। तब तक मेरे दरवाजे की फाटक अचानक आगे की ओर खुली। मैं डर गया, 'अरे! ये क्या हो रहा है?' तो मुझे समझ में आया लहरी गौरव ने खोली है, मतलब उस कमीने ने ताला बंद नहीं किया था। जितना मैं डरा हुआ था, उससे कहीं ज्यादा लहरी गौरव डर गया था क्योंकि जब उसने आगे की ओर दरवाजा खींचा तो तुरन्त मैंने उसको अपनी तरफ खींचा और दोनों आपस में बड़बड़ाये और लहरी गौरव ने फिर से अलमारी का दरवाजा अपनी तरफ खींचा। मुझे कुछ समझ में नहीं आया फिर मैंने भी अपनी तरफ खींच दिया। वे दोनों बिल्कुल खामोश थे और डरे हुए थे। क्योंकि हाउस में अक्सर भूत–प्रेत की कहानियां सामने आती थी। लहरी गौरव ने तीसरी बार अलमीरा का दरवाजा अपनी तरफ खींचा। मैं समझ गया था कि आज मैं बुरी तरह फँस गया हूँ और आज तक जितना कटमारा हूँ सारे सामने आयेंगे। मुझे हमेशा से मालूम था– एक दिन मैं बहुत बुरा फसूंगा और सारा कटमारना मेरा छूट जायेगा। वो दिन आ गया था। जब उसने दरवाजा अपनी तरफ खींचा, मैं भी दरवाजे के साथ–साथ बाहर आ गया। मैंने उसे देखा वह डरा हुआ और बिल्कुल खामोश था। मैं तुरन्त उसके सामने हाथ जोड़ने लगा। ''मुझे छोड़ दो सर– मुझे छोड़ दो।'' ''मैं आप की वजह से अंदर नहीं छिपा था, वो सर टण्डन हाउस के सर हैं जो कलेक्शन करने को बोले थे और वो सर कलेक्शन नहीं हुआ तो फॉलेन कराये हैं और वो बहुत मारते हैं तो मैं नहीं जाना चाहता था, मेरी तबीयत भी सही नहीं है, इस वजह से मैं छिपा था, सर।'' ''प्लीज मुझे माफ कर दो।'' लहरी गौरव बोला – ''बाहर आओ। बाहर आओ बेटा।'' ''वो तो 'नाईट

रोलकॉल' हुआ था। उसका फॉलेन तो कैंसिल हो गया था।'' ''चल बाहर आ, ऐसे मत बोल नहीं तो वह भी जानेगा तो बहुत मारेगा।'' वह हँसने लगा – ''हॉ–हॉ, अब तो 'अनिल दूबे' भी तेरे को नहीं छोड़ेगा, तू जो उसके 'नाईट रोलकॉल' में नहीं गया।'' ''चल–चल बाहर आ।'' वह, यह दोहराता रहा ''सर माफ कर दो।'' मैं कहता रहा लेकिन उस पर जरा भी असर नहीं हुआ। वह और गुस्साता गया और मैं उसके साथ बाहर ग्राउण्ड में आया।

उसने आवाज लगायी – ''दीप अवस्थी'', ''कमरे से हॉकी लाओ।'' अब आप समझ सकते हैं, मेरी क्या हालत हुई होगी। फिर भी मैं डरा नहीं। मैंने सोचा अब डर कर हॉकी का क्या सामना करना, अब हॉकी बरसेगी और टूटेगी। दीप अवस्थी दौड़ता हुआ आया और बोला–''लो सर।'' मैं हॉकी देखकर मुस्कराया। मुझे हँसी तब ज्यादा आयी, जब लहरी गौरव, दीप अवस्थी को देखा और मुस्कराया तथा बोला – ''क्यों बे जूनियर, कितनी बार मैं तुम लोगों को छोड़ा हूँ। मैं नहीं चाहता था कि तुम लोगों पे हैंडलिंग करूँ पर अब ये नहीं हो सकता, तुम लोगों का चुतीयाफा बढ़ता ही जा रहा है।'' उसकी बातें सुन कर मुझे हंसी आने लगी। लेकिन मैंने अपनी हंसी रोकी। वह घूरने लगा और चिल्लाया– ''तुम अपने बैच वालों को बाहर बुलाओ।'' दीप भी समझ गया कि अब हम लोगों की भी खैर नहीं है।

वह डरा हुआ, सहमा–सहमा सा सबके कमरे में गया और सब को बाहर आने के लिए बोला। सभी अपनी–अपनी नाईट सूट पहने सोने की तैयारी में तथा कुछ रात की मस्ती में लीन थे तथा कुछ मस्ती का मूड बना रहे थे। लेकिन बाहर आने की बात सुन कर सभी के होश उड़ गये। सब दौड़े–दौड़े आये और फॉलेन में खड़े हो गये। लहरी गौरव चिल्लाया– ''बैंड हो जाओ।'' सभी बैंड हो गये। हॉकी को देखकर सब जान चुके थे कि आगे क्या होना है? इसलिए सभी एक दूसरे से दूरी बना कर बैंड हो गये। वह फिर चिल्लाया– ''अबे तू अकेले किनारे बैंड हो।'' मैं तुरन्त उन सब से किनारे हो गया और

बोला–''प्लीज सर माफ कर दो।'' ''प्लीज सर।'' वह और गुस्से में चिल्लाया– ''चल–चल बैंड हो जां।'', ''आज की रात इतिहास बना दूंगा।'' यह डायलाग मारते हुए अपनी टी. शर्ट निकाला। जिससे की उसको हॉकी से मारने में कोई परेशानी न हो और फिर अपना डायलाग दुहराया–''आज की रात इतिहास बना दूँगा।''

मैं हमेशा से कटरू था, मार तो मैं कभी–कभी खाया करता था। वह भी हॉकी से मार खाना था। मैं तो बहुत डरा हुआ था। लहरी गौरव मेरे पीछे गया और हॉकी से मेरे बैक को थपथपाया और निशाना बनाया, मेरी तो जान निकल सी गयी। फिर मैंने सोचा 'अब क्या? अब तो मार खानी ही है चलो देखते हैं–कितना मजा आता है।'

तब तक उसने हॉकी को दो बार हवा में घुमाया और मेरे पिछवाड़े पर जमा दिया। मैं जहां 'बैंड' था, वहीं से दो कदम आगे जा के गिरा और मुंह से एक ही आवाज आयी जो अक्सर, जब हम किसी संकट में होते हैं तो आती है– ''अरे! बाप रे बाप, अरे! माई रे माई।'' वह मुस्कराया और बोला–''एक ही हॉकी में मां–बाप याद आ गये'', ''चलो बैंड हो बैंड।'' मैं भला करता भी तो क्या, मैं फिर से बैंड हो गया और उसने पहले से भी ज्यादा ताकत लगाकर मारा। मैं फिर चिल्लाया–''अरे! बाप रे बाप, अरे! माई रे माई।'' और इसके साथ–2 रोने की एक्टिंग कर रहा था, ताकि उस दानव को दया आ जाये लेकिन इन सबका उसके ऊपर कोई असर नहीं हुआ। वह बार–2 कहता रहा–''बैंड हो, बैंड हो।'' मैं एक्टिंग करता रहा। इस प्रकार मुझे कुछ समय मिल गया और मुझे कुछ राहत मिली। लेकिन वह बेवकूफ बहुत खुश था और मन्द–मन्द मुस्करा रहा था और एक ही बात दूहरा रहा था– ''बैंड हो, बैंड हो।'' मार तो मैं खा रहा था–लेकिन तकलीफ मेरे बैचवालों को हो रही थी– जो मुझसे दो मीटर दूरी पर बैंड हुए थे। वह तकलीफ इस बात की नहीं थी कि मैं इस तरह मार खा रहा था–वह तो अपने बारे में सोचकर था कि जब मेरा नम्बर आयेगा तो – क्या होगा?

इस तरह फिर मैं बैंड हुआ, उसने मुझे तीसरी हॉकी तीन गुने तथा चौथी चौगुने ताकत से मारी, मैं तीसरी हॉकी में तो बहुत दुखी हुआ लेकिन चौथी हॉकी में इतना खुश हुआ कि आप इसका अन्दाजा नहीं लगा सकते हैं। हुआ यूँ–उसने चौथी हॉकी चौगुनी ताकत लगा कर मारी थी और मारते वक्त इतना जोर लगाया था कि उसके मुँह से ''हूँ'' की आवाज सुनायी दी। लेकिन ठीक इसके विपरीत हुआ। उस वक्त मुझे हँसी आ गयी और मैं हँसने लगा। मानों कोई चमत्कार हो गया हो। उसने मुझे देखा और मुस्कराया तथा अपना पुराना डायलाग दुहराया–''आज की रात इतिहास बना देंगे।'' मैं यह सुनकर और हंसने लगा और साथ ही साथ एक्टिंग करना शुरू कर दिया। जिससे उसे लगे कि मैं रो रहा हूँ। लेकिन मैं मन ही मन में बहुत खुश था। आप को बता दूँ–जब उसने मुझे चौथी हॉकी, चौगुने ताकत से मारी तो मेरा पिछवाड़ा सुन्न हो गया। मुझे जरा सी भी चोट का असर नहीं हुआ। मेरा पिछवाड़ा दूसरे ही हॉकी में गद्दे की तरह फूल कर ऊँचा हो गया था लेकिन चौथी हॉकी तक तो मानो–रूई के गद्दे पर हॉकी पीट रहे हो, के समान मेरी स्थिति थी। वह भी बेचारा थक चुका था। फिर उसने नजर दौड़ायी और मेरे साथ वालों पर पड़ी जो दो मीटर दूर, अपने नम्बर का इन्तजार कर रहे थे।

फिर वह थोड़ा मुस्कराया और अपने पुराने डायलाग को दूहराने के बाद मेरे बैचवालों पर हॉकी बरसानी शुरू किया। एक के बाद एक को चार–2 हॉकी का राउण्ड शुरू कर दिया। मुझे उसको चार हॉकी मारने में काफी टाइम लग गया पर उनके ऊपर तो 'मानों हॉकी की बरसात हो रही हो। मैं काफी खुश था और सिर्फ मुँह को बनाये हुए था जैसे कि मेरी बहुत पीटाई हुई हो। हॉकियों की आवाज गूंजने लगी। नहेरू हाउस जोकि बगल में ही था, बिल्कुल सन्नाटा छा गया और शास्त्री हाउस में पहले से ही मातम के समान माहौल बना हुआ था। इतना ही नहीं पंत हाउस में भी खबर मिल गयी थी और चारों तरफ सभी भगवान से दुआयें कर रहे थे कि–हॉकी की लपट चारों

तरफ ना फैल जाये। सातवीं, आठवीं, नौवीं क्लास सभी की हवा खराब थी। क्योंकि कोई एक गलती करता, पर मार सब को खानी पड़ती थी। लेकिन भगवान ने उनकी सुन ही ली। यह हॉकी कि लपट केवल हमारे हाउस के हमारे बैचवालो तक ही रही। इसकी एक ही वजह मुझे समझ में आती है–वह यह कि वह दानव थक चुका था और वह अकेला ही हम सभी को मारना चाहता था। इस तरह हॉकी की गूंज सुनकर सभी सीनियर बाहर निकल आये और कुछ तो हमेशा जुनियर हाउस में घूमते रहते थे, वे अपना समय काटने में जुड़ गये।

कुछ भी कहो– लहरीगौरव पेशेवर था क्योंकि वह अपने शिकार पर किसी और को हाथ नहीं डालने देता। सभी हॉकी और रॉड लेकर बाहर आये और अपना–अपना हाथ साफ करने की कोशिश में लग गये तथा हम लोग तो 'डिटरजेंट' की तरह जमीन पर पड़े ही थे, जहां उन्हें हाथ साफ करना था। लेकिन उसने सभी को मना कर दिया और बोला–"आज की रात इतिहास बना देंगे।" इस तरह वे सभी हाथ–साफ नहीं कर पाये लेकिन मस्ती करने में जुट गये। सभी दानवों की तरह "हॉ–हॉ–हॉ" की आवाज निकालते मानों हॉकी की मधुर आवाज के साथ ताल मिला रहे हों। कुछ भी हो–वह था तो भवकाली, उसकी सभी सीनियर हाउसों में चलती थी तथा जूनियर हाउस में उसकी दहशत थी और वह भी इसको निरन्तर कायम करने में लगा हुआ था।

हॉकी चलती रही–आवाज गूंजती रही। हमारे हाउस का कैप्टन–'अनिल दूबे' बाहर आया और आंखे मलने लगा। मैंने अनुमान लगाया, शायद वह सो रहा था और हॉकी की आवाज ने उसे जगा दिया। अनिल दूबे, लहरी गौरव का दोस्त था, इस लिए लहरी गौरव उस को कुछ बोल नहीं सकता था और ये दोनों देवरिया के ही थे तथा अनिल दूबे हमारे पुराने स्कूल का पढ़ा हुआ था जो कि 'कलिन्द विहार' के नाम से देवरिया की न्यू कालोनी में स्थित है।

उसने मुझे आवाज लगायी–''ओय! जूनियर'' मैंने देखा और समझ गया अब ये मेरी अच्छे से बजायेगा। फिर तो मैंने अपनी एक्टिंग शुरू कर दी। फिर उसने आवाज लगायी–

''इधर आ।''

मैं–''यस सर, आ रहा हूँ।''

मैं रेंग–रेंग के चलने लगा और जान बुझ कर खड़ा नहीं हो रहा था, मानों मुझे बहुत मार पड़ी हो लेकिन मैंने उस टाइम तक चार ही हॉकी पाया था। मुझे रेंगता देख वह फिर चिल्लाया–''अबे! चला नहीं जा रहा है– मैं आऊँ क्या''? मैं – ''नहीं सर!'' ''नही सर!'' कहकर थोड़ा खड़े होने की एक्टिंग की, फिर जमीन पर लुढ़क गया और रेंगने लगा। इस प्रकार मैं उसके पास पहुँच गया और इधर हॉकी की बरसात हो रही थी और बीच–बीच में ''आज की रात इतिहास बना देंगे।'' दोहराया जा रहा था।

मैं उसके पास गया। वह मुझे देखकर बड़बड़ाया और बोला–''क्या चुतीयापा है रे!'' मैंने सारा मैटर शॉर्टकट में बताया–''सर वो– एक सर जो टन्डन हाउस के हैं, वे कलेक्शन करवाने के लिए नौंवी क्लास सर से बोले थे और कलेक्शन नहीं हुआ तो वे फॉलेन बुलवाये थे और वो बहुत मारते, तो मैं कट मारने के लिए अलमारी में छुपा था।'' ''सर मैं लहरीगौरव सर से कट नहीं मार रहा था। ''इस तरह सर आये, उन्हें अलमारी चाहिये थी तो मैं...सर, वो ...'' इस तरह मैं चुप हो गया।

वह झल्लाया और बोला– ''वो तो नाईट रोल कॉल था, तू उसमें कट मार रहा था।'' ''हॉकी ला...''कहकर कमरे की तरफ मुड़ा और रूक गया। ''वो तो फॉलेन मैंने कैंसिल करवा दिया था और तू...''

मैं–''नहीं सर, नहीं सर'' रटने लगा और एक्टिंग करने लगा।'' उसने मुझे झापड़ मारना शुरू किया और सांस ले–ले कर मारने

लगा। उसका झापड़ इतना तेज नहीं था कि ज्यादा चोट दे। मैं मन ही मन मुस्कराया और सोचा– 'मारता रह, इधर–टाइम पास हो रहा है और उधर दानव हॉकी चलाते–चलाते शायद थक जाये।' वह तो उधर–राउण्ड पर राउण्ड दिया जा रहा था। मैं इधर बस टाइम पास कर रहा था। अनिल दूबे ने मुझे लगभग 20–25 झापड़ मारे और बोला–"भाग यहाँ से"। मैं थोड़ा दुखी हुआ और मन ही मन बड़बड़ाया–"अच्छा–खासा टाइम पास हो रहा था – अब तुम भी थक गये, अब नहीं मारनी है", इस प्रकार मैं निराश मन से फिर लहरी गौरव से मार खाने के लिये मुड़ा। तब–तक एक और दानव जो कि एस.एन. हाउस का था, मुझे बुलाया–"ओय", "इधर आ।" उस टाइम मैं थोड़ा खुश हुआ और थोड़ा रेंगता हुआ और थोड़ा लंगड़ाता हुआ वहां पर पहुँचा। वह नेहरू हाउस में खड़ा था और गप्पे लड़ा रहा था। मैं वहां पहुँचा–"यस–सर", "यस–सर" बोला और सांस लिया तथा एक्टिंग तो मैं एक पल के लिए नहीं भूला। वह मुझे देखकर समझ गया कि मैं बहुत मार खाया हूँ लेकिन उस टाइम तक मुझे केवल चार हॉकी और 20–25 झापड़ ही पड़े थे। वह मुझे बोला–"चलों ऊपर की तरफ कूदो"।

मैं कूदा और सोचा–"ये अब ई.डी. करायेगा।" वह फिर बोला –"अरे! ऐसे ही कूदते रहो।" "तुम्हारे पैरों को आराम मिलेगा।"

मैंने मन ही मन सोचा–"ये तो ऐसे ही पैरों में दर्द पैदा करवा देगा।" "मैं इतना थोड़ी न मार खाया हूँ कि कूदने की जरूरत पड़े।" पर क्या करता मैं करने लगा। मैं कुछ बोल भी नहीं सकता था और मैंने सोचा चलो उस के पास जाने से अच्छा है–यहां कूदना।

इस तरह मैं कूदता रहा–टाइम पास होता रहा। उधर हॉकी गूंजती रही। इतने में हॉकी टूट गयी और वह खड़ा हो गया और मुझे ढूँढ़ने के लिए अपनी नजरें दौड़ायी और बोला–"दीप अवस्थी! कमरे से रॉड लाओ।" फिर दीप अवस्थी खड़ा हुआ और उसके कमरे की

तरफ दौड़ा। वह अखिर कर मुझे ढूँढ़ ही लिया और आवाज लगायी– ''ओय!'' ''इधर आ'', मैंने उसे देखा और जिसके पास मैं खड़ा था, वह बोला–''जाओ''। मैं वहाँ से चल दिया और थोड़ी देर में उसके सामने खड़ा हो गया। वह मन ही मन मुस्कराया और शायद मुझे देखकर सोचा कि मैंने चारो तरफ से बहुत मार खायी है लेकिन ऐसा नहीं था। उसने फिर अपनी डायलाग दुहराया और बोला–''बैंड हो–बैंड।'' इतने में दीप अवस्थी रॉड लेकर आ गया।

''लो सर'', दीप अवस्थी बोला। उसने रॉड ले लिया और बोला–''दिप'', मुस्कराते हुए, ''जाओ बैंड हो जाओ।'' दिप चला गया और अपनी जगह पर 'बैंड' हो गया। वह मेरी तरफ आया और मुस्कराते हुए रॉड से मारना शुरू किया। पर उसका सारा प्रयास व्यर्थ था क्योंकि मुझे रॉड की चोट समझ में नहीं आ रही थी। वह रॉड मारता रहा और मैं मार खाता रहा। इस तरह मन भर रॉड मारने के बाद वह राहत की सांस लिया। मैं समझ गया कि अब वह बहुत थक चुका है। फिर भी वह मुझे लगभग 60–70 रॉड लगातार मारा।

वह चिल्लाया–''खड़े हो।''

मैं– खड़ा हो गया।

फिर मुस्कराया और बोला–''भाग जाओं।''

मैं समझ गया, वह थक चुका है। मैं वहां से बिना रूके अपने कमरे की तरह दौड़ा। वह मेरे साथवालों को फिर से रॉड से मारने में जुट गया। मैं तो अपने कमरे में जाकर अपने बिस्तर पर पीठ ऊपर की तरफ करके लेट गया। उस समय मुझे बहुत अच्छी नींद आ रहीं थी। मैं सोने लगा अभी थोड़ी ही देर हुई थी तब तक मेरे कमरे में शोर गुल शुरू हो गयी और इस वजह से मेरी नदीं टूट गयी। मैं अपना सर हल्का सा ऊपर उठाया और देखा, हमारे रूममेट आ रहे थे और आपस में लड़ रहे थे। उन्होंने मुझे देखा और मेरे ऊपर चिल्लाना शुरू

किया–''तुम कटरु, क्या जरूरत थी अलमारी में छुपने की।'' मैंने भी अपनी आवाज बुलन्द की और बोला–'' बाहर से लॉक नहीं लगा सकते थे। मैं बोला था, लगा देना। तुमको बहुत जल्दी थी, तो मैं क्या करू?'' उसने मेरी तरफ देखा और उसे मुझ पर दया आ गयी जो कि उसे अपने ऊपर खुद आनी चाहिए। फिर मैं बिस्तर पर पहले वाली मुद्रा में लेट गया। वह आया और मेरे पीछे हाथ रखकर बोला–''यार ये तो सूज कर गद्दे की तरह हो गया है।'' मैं मन ही मन मुस्कराया और सोचा – ''पहले अपना तो देख लो।'' इस तरह मेरे बैचवाले एक–एक करके आते रहे और मुझे देख कर जाते रहे। कुछ दया भाव से मुझे देखते तो कुछ आरोप लगाते कि तुमनें हम सबको बहुत पीटवाया है। मैं भी हां में हां भर देता और उत्तर में सफाई देता रहा कि–तुम सब की वजह से मैंने भी बहुत मार खायी है। मैं तो आज तक कोई चुतीयाफा नहीं किया था, और मैंने भी अपना रिकार्ड तोड़ दिया तो हिसाब बराबर। इस प्रकार वे सब चुप हो गये। देर रात तो हो ही चुकी थी, सुबह जल्दी उठना था। इस वजह से सभी अपने–2 कमरे में ''गुड नाईट'' बोलकर चले गये।

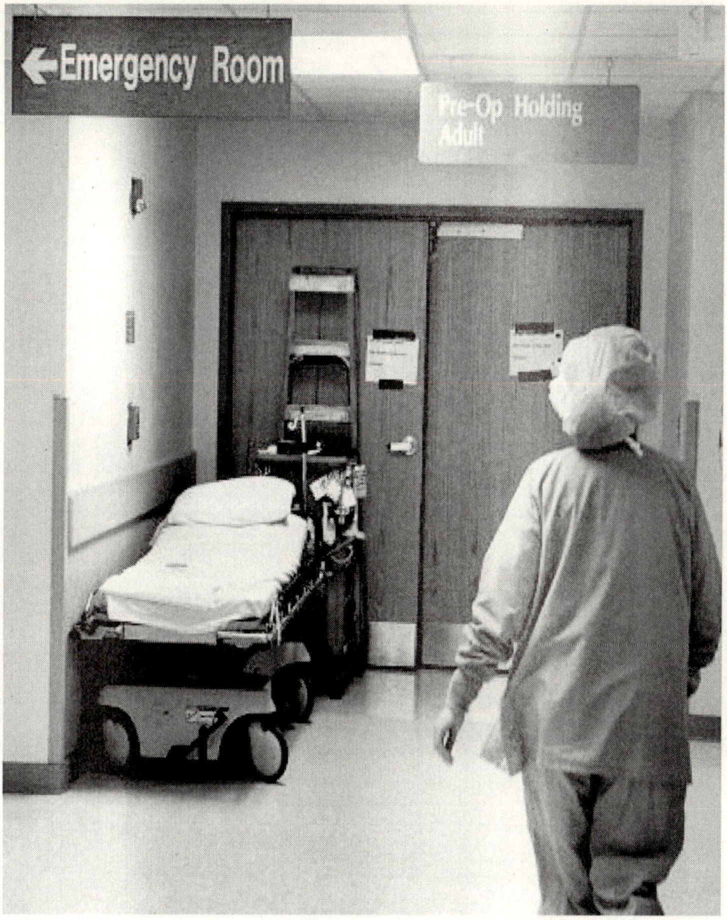
Emergency Room
Pre-Op Holding
Adult

2

एम. आई. रूम

सुबह–सुबह लगभग साढ़े चार बजे फिर कानों में एक आवाज सुनाई दी–''उठो बेटा, उठो सवेरा हो गया है। पी.टी. के लिए तैयार हो जाओ।'' वह रोती हुई आवाज हमारी हाउस वार्डेन की थी। वह एक–एक कमरे में जा कर जगाती, सभी जगकर – ''गुड मॉर्निंग मैम'' बोलते और जैसे ही वह बाहर निकलती, फिर सभी सो जाते। इस तरह वह परेशान हो जाती थीं और कमरों का चक्कर लगाती रहती थीं। जब तक हम लोगों के कानों में ''गेट आउट'' की आवाज नहीं सुनायी देती, तब तक हम लोग सोये रहते थे।

जैसे ही पाँच बजा एक लम्बी बेसुरी आवाज सुनायी दी। फिर क्या, तूफान की तरह सभी बाहर भागे, उस दिन मैं बहुत खुश था क्योंकि सभी जानते थे कि मैं बहुत चर्चा का विषय हूँ। मैं इसका लाभ उठाना चाहता था। मैं उस सुबह उठा ही नहीं और आराम से सोता रहा, मुझे किसी ने कुछ कहा भी नहीं, न ही किसी ने मेरी कुछ खबर ली। मैं आराम से सोता रहा। जब हमारे रूममेट पी.टी. से वापस कमरे में आये, तब मेरी नींद खुली। मैंने मन ही मन सोचा – चलों अब मैं 'लहरी गौरव' के नाम पर एक–दो महीने कट मारूंगा तथा आराम फरमाऊंगा– ना तो किसी के फॉलने में, न ही क्लास अटेन्ड करने

जाऊँगा। इस प्रकार मैं बहुत खुश था और उनको देखते ही बाहर एम. आई. रूम के लिए निकल पड़ा। एम. आई. रूम मतलब 'मेडिकल इन्चार्ज रूम', जब हम बीमार पड़ते थे तो वहाँ जा कर एड्मिट हो जाते, जहाँ पर हमारा ख्याल रखा जाता और डॉक्टर्स की निगरानी में रहते। मैं एक्टिंग करता हुआ–लंगड़ाता हुआ हाउस से बाहर निकल ही रहा था, तब तक अचानक 'लहरी गौरव' आंखों के सामने दिखायी दिया और आवाज लगायी–''ओय।'' मैं तो अनदेखा कर रहा था पर उसकी आवाज सुनकर जवाब तो देना ही था–''यस सर।'' ''क्यों, पी. टी. नहीं गये थे।'' –लहरी गौरव पूछा।

मैं एक्टिंग करते हुए – ''न, न, नहीं सर।''

फिर बोला –''क्यों?''

मैं– ''वो–वो सर ....'' कहते–कहते रूक गया।

फिर उन्होंने मुझे ऊपर से नीचे की तरफ देखा और बोला

''ठीक हो।''

मैं –. ''यस ......यस सर।''

''कहां जा रहे हो?'' फिर उसने पूछ ही लिया जो मैं चाहता था कि न पूछे।

मैं 'सहमें हुए स्वर में बोला'– ''वो सर–वो एम. आई. रूम में जा रहा हूँ।'' ''सर बहुत दर्द हो रहा है–मैं चल नहीं पर रहा हूँ''– अपनी बैक पोजीशन की तरफ इशारा करते हुए बताया।

वह नरम आवाज में बोला–''जाओ''।

मैं जो चाहता था वहीं हुआ। मैं वहां से जल्दी–जल्दी भागने की कोशिश किया लेकिन वह ग्राउण्ड में ही था, इस वजह से मुझे एक्टिंग जारी रखनी पड़ी। जैसे ही मैं हाउस के बाहर निकला, जल्दी से एम.

आई. रूम की तरफ दौड़ा, कि कहीं कोई सीनियर न बुला ले, इस प्रकार मैं एम. आई. रूम में पहुँच गया।

वहां जाने के बाद 'डॉक्टर साहब' अपने ऑफिस में बैठे थे। मैं लंगड़ाता हुआ वहां पहुंचा, उन्होंने मुझे देखा और बोले–"बेटा! क्या हुआ?"

"ऐसे क्यों चल रहे हो? चोट लग गयी, क्या?"

मैंने थोड़ी अपनी एक्टिंग में जान डाली और आंखों में आँसू आने के लिए अपने दिल को मजबूर किया। मैं लंगड़ाता हुआ बगल में रखी चेयर पर बैठ गया और आँसू बहाने लगा।

डॉक्टर सर बोले –"बेटा चुप हो जाओं, सब ठीक हो जायेगा।"

"क्या हुआ बताओं?"

मैं–"सर कुछ नहीं हुआ" बस पैर में बहुत दर्द है, चला नहीं जा रहा है।" उन्होंनें अपनी अलमारी खोली और उसमें से दवाई की डिब्बी निकाली। फिर मुझसे पूछते रहे– "बुखार तो नहीं हैं? सर दर्द ....?" और मुझे चार–छः गोलियां दे दीं जो की कुछ नीले, कुछ सफेद और कुछ पीले रंग की थीं। मैंने उनको अपने हाथ में लिया और सोचने लगा, ये तो लगता है सारे किये पर पानी फेर देगा।

मैं, और जोर–जोर से रोने लगा।

डॉक्टर सर–"बेटा दवाई खाओं, सब ठीक हो जायेगा।" मैं–"सर बैठा भी नहीं जा रहा है।" "पूरा पीछे स्वेलिंग है।" पीछे की तरफ इशारा करते हुए बताया।

वह समझ गये और पूछने लगे–"तुम्हारे साथ रैगिंग हुई है न, चलो बताओं क्या हुआ? किसने मारा?"

मैं क्या करता, मुझे कुछ दिन फोकट का आराम चाहिये था, इसलिये बताना पड़ा। उन्होंने एक–एक करके पूरी बात जान ली। मैं

भी मक्खन–मलायी लगाकर बताता रहा। मैंने सोचा अब बता ही रहा हूँ तो क्यों न अच्छे से मक्खन–मलायी लगाकर बताऊँ जिससे कि वह मुझे एम. आई. रूम में रूकने की परमिशन दे दें।

इतना मक्खन लगाने के बाद भी वह नहीं समझ पाये कि मैं क्या चाहता हूँ। इस प्रकार मैंने एक नया रास्ता अपनाया।

बोला–''सर! अगर मैं हाउस गया तो मुझे और मार पड़ेगी तथा जिसने रूपये कलेक्शन करने के लिए बोला था। वह अभी बाकी है।'' वह मेरी बातों में फस गये और मुझे वहां रूकने की अनुमति दे दी। मैं गया और वहां पर जो सबसे किनारे का तथा कोने में पड़ा बेड था, उस पर लेट गया। जिससे मुझे कोई आसानी से नहीं पा सके। इस प्रकार मैं बहुत खुश था और राहत की सांस ले रहा था। इस दौरान मुझे बहुत अच्छी नींद आ गयी और मैं सो गया।

मैं बिल्कुल गहरी नींद में था और मेरे कानों में फिर वही रोती हुई आवाज गूंजने लगी–''उठो बेटा उठो।'' ''ब्रेकफास्ट नहीं लोगे?'' मैं थोड़ी देर बाद जगा तो देखा हाउस वार्डेन हमें जगा रही थीं। मैं उठ कर बैठ गया और आंखों को मलने लगा।

हाउस वार्डेन–''मुझे सब पता है।'' ''मैं अभी लहरी गौरव से मिलती हूँ।'' इतना सुन कर तो मेरा होश उड़ गया। मैं इसके बाद बिल्कुल खामोश था। समझ में नहीं आ रहा था कि मैं मैम से क्या बोलूँ?

मैं – ''मैम ... मैम ... आप ....'' बोलते–बोलते चुप हो गया

हाउस वार्डेन बोली – ''बेटा, क्या हुआ?''

मैं – ''मैम, आप क्या कर रही हैं, प्लीज उनसे कुछ मत बोलना, नहीं तो वे मुझे और मारेंगे।'' ''मैम ......प्लीज मैम।''

हाउस वार्डेन – ''वह ऐसे कैसे मारेगा।'' ''मैं अभी उसकी क्लास लेती हूँ।

मैं और डर गया –"अब तो पक्का, वह मेरी पिटाई करेगा", मैंने मन ही मन सोचा। वो तो कहेगा कि मेरी शिकायत की है,

तो ....

मैं समझ गया कि मेरी फिर लंका लगने वाली है, क्योंकि 'सीनियर्स की शिकायत और काले नाग के ऊपर कंकड़ फेंक कर मारना' दोनों बातें एक समान थीं।

मैं– "मैम–मैम प्लीज आप उससे कुछ मत कहना, प्लीज ......"

हाउस वार्डेन – "ठीक है, मैं कुछ नहीं कहूँगी।" "चलो, ब्रेकफास्ट लिया क्या?" मैं बोला– "न ......नहीं।" "तो जाके लो।" वो बोलीं। मैं तो हाउस जाना ही नहीं चाहता था। मैं तो वहीं एम. आई. रूम में पड़ा रहना चाहता था। मैं उनकी शक्ल घूरने लगा।

हाउस वार्डेन – "ठीक है, मैं यहीं ब्रेकफास्ट भेजती हूँ।"

मैं बोला– "ओके मैम।" मैम चली गयी और मैं फिर सो गया। लगभग आधे घण्टे बाद हमारे हाउस का चपरासी आया और उसके हाथों में एक थाली थी, जो ऊपर से दूसरी थाली से ढ़की हुई थी। मैं समझ गया, यह रोज का वही सड़ा ब्रेकफास्ट है। वैसे तो वहां पे अच्छा खाना मिलता था पर वही रोज का खाना तथा वही एक सा टेस्ट खा–खा के परेशान था। मैंने अपना मन फेर लिया और बोला–"रख दे भाई।" सुबह–सुबह जल्दी भागने के चक्कर में, मैं ब्रश भी नहीं कर पाया था। क्या करता भला, वैसे ही खाना था क्योंकि भूख भी ज्यादा लगी हुई थी। लेकिन जैसे ही उसने टेबल पर थाली रखी और ऊपर से दूसरी थाली हटायी, दिल खुश हो गया। जब मैंने थाली में कलरफूल खाना देखा जैसे गर्मा–गरम, फूली हुई पूड़ियां, गर्म दूध, कुछ सेके हुए ब्रेड, जैम, कटलेट, सूखी सब्जी, कुछ फ्रूट्स ... तो तबीयत खुश हो गयी।

मैं सोचने लगा, इतना सब कुछ क्यों? फिर दिमाग का घोड़ा दौड़ा

ने के बाद समझ में आया ...... ओ सिकप्रेड (बीमार छात्र सैनिक) के लिए स्पेशल थाली आता है। मैं बहुत खुश हुआ ......, मैं तो सोच लिया – ''अब आराम से यहीं पड़े रहना है और मस्त–मस्त खाना खाना है ... और ......पढ़ाई भी यहीं होती रहेगी .... जैसे 'सेल्फ स्टडी'।''

मैं बहुत अच्छा महसूस कर रहा था और सेफ भी था। दबा कर ब्रेकफास्ट लिया और फिर सो गया। तब तक डॉक्टर सर आ गये– ''और बेटा, कैसे हो?''– बोले।

''ठीक हूँ सर।''– मैंने जवाब दिया।

''मैंने आपके वार्डेन को सबकुछ बता दिया है।'' ''अब कोई प्रॉब्लम नहीं होगी।'' ''वह, उसकी क्लास लेगीं।''

मैंने कुछ जवाब नहीं दिया। फिर वे बोले–''ब्रेक फास्ट लिया कि नहीं।'' मैं दबी–दबी आवाज में– ''लिया सर'' साथ में एक्टिंग भी जारी था कि मैं बहुत बीमार हूँ।

''कोई बात नहीं बेटा''; ''आराम करो'' बोल कर वे चले गये। मैंने राहत की सांस ली और फिर सो गया, भला मैं करता भी क्या, सीनियर्स की दहशत से तो नींद ही कहां आती थीं। वहां पर मैं अकेला था, न कोई सीनियर, न तो कोई डर, नींद तो आयेगी ही......।

''ओय जूनियर '', ''ओय जूनियर'' की आवाज मेरी कानों में बहुत देर से गूंज रही थी। मेरी आँखों ने हल्की–हल्की अपनी पलकों को अपने से दूर किया, जब थोड़ा खुली और मैं कुछ देखने के काबिल हुआ कि आंखों के सामने 'लहरी गौरव' दिखायी दिया। उसे देखकर मेरी आंखे खुली की खुली रह गयी।

''और बे'', ''यहां क्या कर रहा है?''

''कुछ नहीं सर'', ''कुछ नहीं।''

''तू वार्डेन से क्या–क्या बोला हैं?'' ''मेरी शिकायत किया है न''

मैं तो पहले से ही बहुत डरा हुआ था, अब तो और हालत खराब हो गयी।

''नहीं सर मैंने कुछ नहीं कहा, वो डॉक्टर सर ने मैडम को बढ़ा–चढ़ा कर पता नहीं क्या–क्या बताया है।''

''जा तू मैडम से बोल देना–कि मैं यहां आया था और जिससे तुम को मेरी कम्प्लेन करनी है, जा के कर दे।''

''तुम हाउस पहुँचो तो मैं बताता हूँ।''

तो वह फिर 'वाट' लगा गया और दहशत की 'मां की ऐसी की तैसी' कर गया। अब तो मैं उसको देखता रहा और गिड़गिड़ाता रहा

''नहीं सर, मैंने कुछ नहीं बोला।''

''मैं कम्प्लेन करूँगा, और वो भी आप की।''

वह जाने लगा और डायलाग दे गया–''ओय! हाउस पहुँच कर पूरे हाउस की फॉलेन कराना।'' ''तुम सब की तोड़ता हूँ।'' बोलते–बोलते और गुस्से में बड़बड़ाते हुए चला गया।

वह मुझे बेवकूफ समझ रहा था– मैं तो पूरी प्लानिंग के साथ एम. आई. रूम आया था–कि मैं वहां पर आराम से हफ्तों चैन की सांस ले सकूँ और रैगिंग से कट मार सकूँ। मैं मुस्कराया और उसकी बातों की परवाह किये बगैर फिर सो गया और कुछ ही देर में मुझे गहरी नींद आ गयी। फिर दोपहर में हाउस चपरासी खाना लाया। मैं–खाना खाकर फिर सो गया। मतलब मैं दिन भर सोता रहा।

शाम को लगभग चार बजे फिर मेरे कानों में आवाज सुनायी दी।

''उठो बेटा'', ''उठो।'' वह आवाज मैडम की थी, मैं तुरन्त उठ गया और बोला–''गुड इवनिंग मैम।''

''गुड इवनिंग बेटा।'' ''और कैसे हो?''

''कुछ ठीक नहीं है...'' थोड़ी नरम आवाज में बोला।

''क्या हुआ बेटा ......?'' ''क्या हुआ ......?''

''वो ...... वो ....'' बोलते–बोलते मैं चुप हो गया।

''बोलो बेटा–बोलों''; ''डरो मत''; ''क्या हुआ बताओं?''

''वो मैम 'लहरी गौरव' सर आये थे और मुझे हाउस में फॉलेन के लिए बुलाये हैं।''

''वह नहीं मानेगा ऐसे।'' मैडम गुस्से में नाराजगी जताते हुए झल्लायी और फिर वापस जाने लगी और गुस्से में बड़बड़ाने लगी– ''क्या समझते हैं, ये सीनियर्स?'' ''चलो आप आराम करो।'' ''मैं उससे बात करती हूँ।''

मेरा क्या, मैं बेफिकर होकर सो गया और शाम के खाने का इन्तजार करने लगा। उस टाइम मुझे मात्र दो ही काम करने थे, पहला खाना, दूसरा सोना।

इस तरह मैं इन दोनों कामों को दो–तीन दिन तक करने के बाद बोर हो गया तथा कट मारने का कोई दूसरा बहाना ढूँढ़ने लगा। तब तक अचानक मेरे दिमाग में एक आइडिया आया–''क्यों न घर का सैर हो जाये।''

पर मैं घर जाता तो कैसे? क्योंकि छुट्टी नहीं मिलती और घर जाने के लिए एक ठोस बहाना होना चाहिए लेकिन मैंने तो सोच लिया था कि कैसे भी मुझे घर जाना है।

3

एम. आई. रूम से घर का सफर

अगले दिन भी मैं एम. आई. रूम में पड़ा रहा और जब सभी सुबह का नाश्ता लेकर स्कूल चले गये तो मैं अपने हाउस को रवाना हुआ। एम. आई. रूम से निकलने के बाद अपने कमरे में ही जाकर रूका। ऐसा करने के पीछे बस एक ही वजह हो सकती है, वह आप भी जान चुके होंगे। मेरा मतलब सीनियर्स की दहशत था। मैं अपने कमरें में गया और जल्दी–जल्दी स्कूल यूनिफार्म पहनकर तैयार हुआ।

ना तो हमनें नोट्स लिये और न ही बुक्स जो कि हमेशा हम लोग लेकर जाया करते थे। मैंने अपनी ऊपर वाली जेब में प्रार्थना पत्र डाला और स्कूल की तरफ निकल पड़ा। वहां पर मेरी एक्टिंग कुछ कम नहीं थीं, चाल–लंगड़ाते हुए, चेहरा–बीमार सा बनाकर जा रहा था और एक खास बात, प्रार्थना पत्र को ऐसे मोड़ा था, जिससे कि वह बड़ा हो जाये और ऊपर वाली जेब में आधा हिस्सा दिखायी दे। जिससे कि किसी को पूछने कि जरूरत ना पड़े कि मैं कहाँ जा रहा हूँ और क्यों घूम रहा हूँ, क्योंकि वहां पर तो पग–पग पर सीनियर्स का खतरा रहता था।

हम इसको दुर्भाग्य कहें या सौभाग्य–जैसे ही मैं अभी प्रिंसपल ऑफिस के मकान के पास पहुंचा ही था, तभी मुझे 'लहरी गौरव' मिल गया। मैं भला क्या करता, उसको देखकर डर तो लग ही रहा था पर

जब वह सामने आ गया तो 'विश' तो करना ही था, जोकि हम लोग हमेशा किया करते थे और शाम होते–होते ''गुड मॉर्निंग'', ''गुड–ऑफ्टर नून'' और ''गुड इवनिंग'' बोलते–बोलते मुँह दर्द करने लगता था। थोड़ी देर में वह सामने आ पहुँचा। मेरे मुँह से अचानक निकल गया–''गुड इवनिंग सर।''

वह मुस्कराया और बोला – ''अबे! अभी मॉर्निंग है।'' – मैं डरते हुये बोला– '' हाँ सर–सॉरी सर .... सॉरी सर ....''

''चल, कोई बात नहीं।''– वह मुझे ध्यान से देखते हुए बोला।

''और सब ठीक है?''

मैं– ''वो सर मम्मी की तबीयत खराब है, अभी फोन आया था तो ....''

''ओके'', ''जाओ।'' – वह प्यार से बोला।

मैंने उसको देखा और उसके इस रवैये से मुझे समझ में आ गया कि अब यह कुछ डरा–डरा सा है।

मैं समझ गया कि मैडम ने इसकी शिकायत प्रधानाचार्य जी से कर दी हैं, जिससे इसको स्कूल से 'टर्मिनेट' करने की धमकी मिली होगी। ऐसा तो अक्सर होता था कि टर्मिनेशन की धमकी मिलती थी पर जब सीनियर एक सप्ताह रैगिंग नहीं करता था तो कैंसल हो जाता था और जब मैटर शान्त हो जाता, तब वह शिकायत करने वाले की डबल बजाता था, इसलिए कोई भी शिकायत नहीं करता था।

मैंने मन ही मन सोचा– ''क्यो न इसके इस, थोड़े समय के डर से फायदा उठाया जाये।''

मैं उससे बोला– ''सर छुट्टी नहीं मिल रही है, जाना जरूरी है; मम्मी की तबीयत खराब है, सर आप मुझे छुट्टी दिला दो।'' मैं यह बात घबराते हुए बोला–डर तो लग ही रहा था कि कहीं उसकी

खोपड़ी ना घुम जाये ....

"लाओ– प्रार्थना पत्र मुझे दो।" "मैं बात करता हूँ।"

"तुम इधर ही इन्तजार करो।"

मैं बहुत ही खुश हुआ और मन ही मन घर जाने के ख्वाब को देखकर मुस्कराने लगा। आप सोच सकते है–कि जब 'स्कूल लाइफ' हास्टल में हो और बीना किसी 'हॉली डे' के बावजूद आप को घर जाने को मिले तो खुशी का ठिकाना ही नहीं रहता है। शायद कुछ इसी तरह मेरी भी हाल थी। थोड़ी देर में लहरी गौरव आया और मुस्कराते हुए बोला–

"जा बेटा ऐस कर" और प्रार्थना पत्र मुझे दे दिया। मैं बहुत खुश हुआ। वह मुझ से पूछा– "कितने दिनों में आ जाओगे।" मैं–"सर बस 10–15 दिनों में।" वह हंसते हुए बोला–"एक सप्ताह में वापस आ जाना नहीं तो मारकर तोड़ दूँगा।"

"ओके सर।" मैंने जवाब दिया।

वह चला गया। मैं खुशी से पागल हो रहा था और शास्त्री हाउस की तरफ चल पड़ा। उस समय मैंने उसका सही इस्तेमाल किया था, पहले उसकी प्रधानाचार्य के पास क्लास लगवायी और उसी से छुट्टी मंगवायी। मैं भागता हुआ अपने हाउस आया और फटाफट पैकिंग की और घर के लिए रवाना हो गया। जल्दी–जल्दी स्कूल गेट के बाहर निकला और हाइवे से बस ले कर रेलवे स्टेशन के लिये चल दिया।

स्कूल गेट के बाहर निकलने के बाद मैं–आजाद था, ना कोई सीनियर, ना कोई दहशत। मैं कहीं भी जाऊँ, कुछ भी करूँ, कोई पूछने वाला नहीं था।

मैं घर पहुँचा और अपनी छुट्टियां मजे में काट रहा था। एक–एक पल का पूरा आनन्द ले रहा था जैसे कि खूब घूमना, क्रिकेट

मैच खेलना, पिक्चर्स देखना इत्यादि। ऐसे में न जाने कब एक सप्ताह निकल गया, पता भी नहीं चला। अब फिर टेंशन होने लगी कि मुझे वापस उसी दहशत की दुनिया में जाना है। मैं सोचने लगा आज जाऊँ या कल जाऊँ।

सोचते–सोचते समझ में आया, चलो एक सप्ताह और रहते हैं तो जायेंगे। वहां तो जाना ही है। फिर मैंने अपने दिमाग को डाइवर्ट किया और घर पर रहने का आनन्द लेने लगा। वैसे तो घर पर रहने का टाइम ही कहाँ मिलता था–हमेशा की तरह 3 से 4 दिन की छुट्टी मिलती थी लेकिन यह पहली बार था, जब मैं इतने दिनों तक घर पर रूका रहा।

मेरे पिता जी जब कुछ कहते तो मैं बहाना बना देता और वे मान भी जाते थे।

इस प्रकार मैं दो सप्ताह घर पर रूक गया और जाने की तैयारी करने लगा। तब तक मैंने अपना दिमाग दौड़ाया और 'हॉलीडेज' कैलेण्डर में ढूँढ़ने लगा।

इस्तफाक से उस दिन से 6–7 दिन बाद कोई फेस्ट था जिसमें हम लोगों को 3–4 दिन की छुट्टी मिलती थी। तो मैंने पापा को बताया और बोला–''एक सप्ताह बाद फिर एक सप्ताह की छुट्टी हो जायेगी।''

''तो जाने से क्या फायदा है? फिर क्यों न इस छुट्टी को बिता कर जाँऊ?''

पापा तो मान नहीं रहे थे पर लास्ट में हमनें मना ही लिया। इस तरह मैं घर आया था–एक सप्ताह के लिए और वापस गया चार सप्ताह बाद।

मेरे गांव से 6–7 किलोमी. की दूरी पर मेरा एक दोस्त रहता है जिसके घर, मैं अक्सर जाया करता और वह मेरे साथ पढ़ता था तथा

मेरा रूम पार्टनर भी वही था। मैं उससे (विमल शाही) से सम्पर्क किया और हम दोनों साथ में ही स्कूल जाने की तैयारी की। मैं स्टेशन पहुँचा, वह भी वहां पहले से ही अपने बाबा के साथ मौजूद था। मेरे पिता जी भी मेरे साथ थे। मेरे पिता जी और उसके बाबा जी एक दूसरे को बहुत अच्छे से जानते थे–तो उसके बाबा जी ने बोला–

''अरे! अजीत, अपने पापा को क्यों परेशान कर रहे हो?'' ''तुम अकेले भी जा सकते हो।'' मैं बोला– ''हां... क्यों नहीं।''

''वैसे जब आप हैं–तो इनको जाने कि क्या जरूरत है?''

ये सुनकर पापा के चेहरे पर सात बज गये और मेरे चेहरे पर बारह बज गये। मतलब साफ है–पापा खुश हुए; उनको मुझे छोड़ने नहीं जाना पड़ेगा और मैं दुखी हुआ कि मुझे अपने पापा से दूर होना पड़ेगा। वैसे जब भी मेरे पापा मुझे हास्टल छोड़कर जाते, मैं छुप–छुप कर बहुत रोता और अपने मम्मी–पापा को याद करता था। ये कंडीशन आज भी है और किस्मत ने अभी तक मुझे ''मॉम–डैड'' से दूर ही रखा है। मेरे पिता जी वापस जाने के लिये तैयार हो गये और मेरे चेहरे का रंग उतर गया। सच कहूँ तो मेरे चेहरे का रंग इतना नहीं उतरता, जब कोई सीनियर फॉलेन कराता और रॉड तथा हॉकी बरसाता।

मैंने आशीर्वाद लिया और वे–''मन लगाकर पढ़ाई करना'' का उपदेश देकर चले गये। स्टेशन पर तीन घण्टे बैठने के बाद लखनऊ जाने वाली– ''बाघ एक्सप्रेस'' ट्रेन आयी। इन तीन घण्टों में वह मेरा ब्रेनवाश करता रहा और डराता रहा कि – 'लहरीगौरव' बहुत गुस्सा है, पूछ रहा था कि – ''विमल तुम्हारा रूम पार्टनर कब आयेगा?'' और बोल रहा था– ''एक सप्ताह की छुट्टी लेकर गया था, अभी तक नहीं आया।'' ''आने दो, मारकर तोड़ता हूँ।'' मुझे विमल की बातों पर जरा सा भी शक नहीं हुआ क्योंकि मैं जानता था– अक्सर, वहां पर ऐसी ही बातें होती थीं।

फिर भला मैं क्या करता? वहां तो जाना ही था। हम लोग ट्रेन में बैठे और लखनऊ के लिए रवाना हो गये। सुबह लगभग तीन बजे ट्रेन लखनऊ पहुँच गयी। उसके बाबा जी ने चार बाग रेलवे स्टेशन से सैनिक स्कूल जाने वाली टेम्पों पर हम दोनों को बैठा दिये और पुनः सुबह वाली 'बाघ एक्सप्रेस' से वापस जाने के लिए हम लोगों से इजाज़त ली। मैं जैसे–जैसे स्कूल कि तरफ बढ़ रहा था, मन में दहशत भी उतनी ही बढ़ रही थी। मैं उससे वहां का सारा माहौल जानना चाहता था, तो टेम्पों में भी डिस्कशन करने लगा। लास्ट में उसने मुझे एक बात बतायी कि ब्रिजेश किशोर कटियार, एल. एम. भारती, लहरी गौरव के पास तुम्हारा फॉलेन है– "ये लोग बोले हैं कि जब वह आये तो– उससे बोलना कि हमें रिपोर्ट करे।"

सब कुछ ठीक था–हौंसला भी बुलंद था, लेकिन रिपोर्टिंग वाली बात ने मुझे बहुत ही ज्यादा भयभीत कर दिया और कुछ ही समय में हम दोनों सैनिक स्कूल के गेट पर पहुँच गये। गेट को देखकर अच्छे–अच्छों को उनकी नानी याद आ जाती थीं– क्योंकि वहां से स्टार्ट होती थी–'दहशत की दुनिया', 'खौफ का साया'। मैं वहीं गेट पर दो मिनट तक खड़ा रहा और सोचता रहा, अन्दर जाऊं या ना जाऊं।

विमल बोला– "चलो"; "चलते हैं, सुबह क्लास में भी जाना है।"

"यार–सोना भी है।" आंखों को मसलते हुए बोला।

मेरी तो नींद पहले से ही 'छू मंतर' हो चुकी थी।

मैं बोला–"चलो, मैं आता हूँ।"

उसने बैग उठाया और अन्दर के लिये चल पड़ा। मैं वहीं खड़ा सोचता रहा– 'जाऊँ या ना जाऊँ, न जाऊँ तो जाऊँ कहां?'

शक्ल पर क्वेश्चन मार्क बना हुआ था। उसी समय सरोजनी नगर की तरफ से लखनऊ रेलवे स्टेशन जाने वाली टेम्पो आ रही थी, मैंने

ज्यादा न सोच–समझ कर, अपना बैग उठाया और वापस रेलवे स्टेशन के लिये चल पड़ा।

अगर मैं हिम्मत कर लेता तो, यकीनन सैनिक स्कूल के गेट के अन्दर होता और ये 'उपन्यास' आपके हाथ में नहीं होती और मैं देश की सेवा कर रहा होता या अपनी मात्र भूमि की रक्षा करते हुए शहीद हो गया होता।

4

दहशत बनी वजह, लेबर चौक सी जगह।

मैं काफी देर तक लखनऊ रेलवे स्टेशन पर बैठा रहा, कुछ समझ में नहीं आ रहा था कि मैं यहां से जाऊँ तो कहाँ जाऊँ। यह तो तय था कि मैं अपने घर वापस नहीं जा सकता था, क्योंकि अगर जाता तो फिर मुझे यहीं आना पड़ता और मेरे पिता जी मेरी तो बैण्ड बजा देते। मैं कई बार 'सैनिक स्कूल' गया लेकिन उसी गेट से वापस आ जाता था, कइयों बार हिम्मत किया कि अन्दर चला जाऊँ लेकिन जा न सका, एक बार अन्दर तक जाकर हाउस के गेट से वापस आ गया, मतलब मैं सीनियरों से बचते–बचाते हाउस तक पहुँच गया लेकिन दहशत मुझे फिर गेट के बाहर खींच लायी।

आखिरी में मैंने सोच ही लिया कुछ दिनों के लिए गायब हो जाता हूँ तो मेरे घर वाले मुझे ढूँढ़–ढूँढ़ कर परेशान हो जायेंगे और मुझे यहां से निकाल देंगे। मुझे यह आइडिया काफी अच्छा लगा और मैं फिर स्टेशन गया। वहाँ पर एक ट्रेन खड़ी थी, मैं उसमें जाकर बैठ गया। मुझे इस बात से मतलब नहीं था कि वह ट्रेन कहां जा रही है और मेरे पास टिकट है कि नहीं। मैं बिल्कुल बिन्दास था, मुझे कहीं भी जाना था, मुझे किसी की परवाह नहीं थी, बस इतना ख्याल था कि मुझे फिर वापस आना है।

थोड़ी देर बाद ट्रेन चली, अब मैं अपने आप को आजाद महसूस कर रहा था, मैं बहुत खुश था। कुछ समय बाद मुझे नींद आ गयी और मैं गहरी नींद में सो गया, मुझे कुछ भी पता नहीं था कि मैं कहां जा रहा हूँ, बस ट्रेन जहां ले जाये मुझे वहीं जाना था। अगले दिन सुबह नींद खुलने के बाद मैंने कुछ लोगों से बात की और पूछा, यह ट्रेन कहां जा रही है? सभी ने जवाब दिया– ''मुम्बई''। मैं बहुत खुश हुआ और मुम्बई देखने के लिए उतावला हो रहा था लेकिन–''भाई मुम्बई तो बहुत दूर है।'' कुछ ने कहा तथा कुछ ने मुम्बई की माया जाल और मदहोश नजारें को 'शेयर' किया तथा कुछ ने बहुत डराया भी–कि मुम्बई में रहना, खाना कितना मुश्किल है तथा वहां पर फुटपाथ जीवन भी बहुत कठिन है।

जैसे–जैसे ट्रेन आगे बढ़ती गयी, मुझे यह समझ में आने लगा कि 'मुम्बई मरवाये गी।' वैसे दो–तीन दिन हो चुके थे, घर के खाने की तरह खाना नसीब नहीं हुआ था, मेरा मतलब रोटी और चावल दो–तीन दिन तक देखने को नहीं मिले। मैं बस वही –समोसा, कचौड़ी खा कर अपना पेट भर रहा था और मुझे अपना 'पॉकेट' भी तो देखना था। लोगों से बात करने के बाद समझ में आया, सब पैसे के लिए अपना–अपना घर छोड़कर कोई 'मुम्बई' तो कोई 'पूने' जा रहे थे। मैंने भी सोच लिया कि इनकी तरह मैं भी कहीं काम कर लूँगा और जैसे ही मिशन खत्म होगा घर वापिस आ जाऊँगा।

मैंने कईयों बार इधर–उधर फोन किया कि–''मुझे ढूँढ़ते हुए कोई आया तो नहीं था'' लेकिन हर जगह से यही सुनने को मिला, ''नहीं कोई नहीं आया था।'' मैं अपने सैनिक स्कूल भी फोन किया तो पता चला–'कोई नहीं ढूँढ़ रहा है।' मैं समझ गया कि प्लानिंग लम्बी हो गयी है, मुझे काफी दिनों तक गायब रहना पड़ेगा। ट्रेन आगे बढ़ती रही, मैं अफ़सोस करता रहा कि – ''किसी ने यह नहीं पूछा कि मैं कहाँ हूँ और अपने ढूँढ़ने की बात सबसे क्यों पूछ रहा हूँ।'' पर मैं क्या करता? लक्ष्य सामने था कि मुझे गायब होना है, जो मैं हो चुका था।

शायद आप लोगों को समझ में आ गया होगा कि मैं मुम्बई जाने वाली ट्रेन में एक जनरल बोगी में सफर कर रहा था। मैं लोगों से मिलता रहा, उनसे बातें करता रहा और उनके जीवन यापन करने के ढ़ंग को समझता रहा क्योंकि मुझे भी ऐसे ही जीना था जिसका मुझे अंदाजा नहीं था और मैं अपने आप को जज कर रहा था कि – ''क्या मैं इनकी तरह ही, जी पाऊँगा की नहीं?'' मैंने उन लोगों से पता लिया कि कहाँ पर आप लोग काम करते हो तथा बिनती किया कि मुझे भी वहाँ लगवा देना। मैंने कइयों से कई जगह का पता अपने डायरी में लिखवाया। अब मैं बहुत खुश था, क्योंकि रहने और खाने का जुगाड़ कर लिया था, कुछ जगह तो कम्पनी ही रहना और खाना देती तो कुछ जगह मैं उन लोगों के साथ रह सकता था, जिन्होंने मुझे अपना पता बताया। मैं आगे बढ़ता रहा और सोचता रहा। मैं बहुत 'कन्फ्यूज' था कि ''क्या मैं ऐसी जिंदगी कुछ दिनों तक जी पाऊँगा कि नहीं?'' मुझे कुछ समझ में नहीं आ रहा था।

ट्रेन एक बड़े स्टेशन पर पहुंची जहाँ काफी शोर–गुल और लोगों की चहल–पहल थी। ट्रेन की हार्न किसी की आवाज सुनने नहीं दे रही थी। मैं समझ गया, यहाँ से कहीं भी हम जा सकते हैं, हर जगह को जाने वाली ट्रेन मिलेगी। सर दर्द से फटा जा रहा था कि – ''मैं मुंबई जाऊँ कि ना जाऊँ।'' मैं बहुत 'कन्फ्यूज' था। तब तक मुझे समझ में आया कि – ''मुझे कहीं भी जाना है, बस मुझे सब के निगाहों में गायब होना है।'' फिर क्या, मैंने राहत की सांस ली और वहीं पर उस ट्रेन को छोड़ दिया और वापस आने वाली ट्रेन पकड़ कर फिर लखनऊ आ गया। लखनऊ पहुँच कर फिर एक बार 'रिव्यु' किया कि मैं 'सैनिक स्कूल' जाऊँ कि ना जाऊँ। उत्तर में पाया–'ना जाऊँ।' मैंने यह सोच लिया था, इधर ही आस–पास रहकर अपना दिन काटूँगा और मौका देखकर घर चला जाऊँगा।

कइयों बार तो मैं घर गया लेकिन गाँव के बाहर से ही वापस लखनऊ आ गया। इस तरह मेरी जेब भी खाली हो चुकी थी। मैं

लखनऊ स्टेशन पर बैठे–बैठे, पैसे कमाने की सोच रहा था, कभी सोच रहा था– ''किसी की जेब मार लूं या किसी का बैग छिन कर भागूं।'' लेकिन दोनों उपाय फ्लॉप समझ में आ रहे थे, कभी पकड़े जाने का डर लग रहा था, तो कभी मेरी आत्मा यह काम करने से रोक रही थी। वैसे मैंने लाइफ में कभी भी ये दोनों काम नहीं किए थे तो अपने आप को अनएक्सपर्ट महसूस कर रहा था।

तभी मेरी नजर एक व्यक्ति पर गयी जो कि अपने साथ दीवार को चिकना बनाने वाला फट्ठा और बोरे में कुछ सामान लिया था। मैं उसके पास गया और उससे दोस्ती करना शुरू कर दिया। अगले 15 मिनट में वह मेरा दोस्त बन गया।

उसने मेरा नाम पूछा – मैंने बताया ''अजीत'' लेकिन उसको 'अनिल' सुनाई दिया और वह मुझे 'अनिल' पुकारने लगा। अब वह मुझसे हर बात 'अनिल' कहकर सम्बोधित करता था और मुझसे एक–एक बात पूछने लगा कि – कहाँ रहते हो?

''कहाँ जा रहे हो?''

''क्यों घर से भाग रहे हो?''

मुझे जो समझ में आता वह उत्तर में बता देता। ऐसे कुछ घण्टों में हम दोनों एक दूसरे को काफी समझ गये और वह अपने साथ काम पर ले जाने के लिए तैयार हो गया। उस वक्त भूख काफी तेज लगी थी और मेरे पास कुछ ज्यादा पैसे भी नहीं थे। शाम का वक्त भी हो रहा था। तब तक उसने अपना बोरा खोला और उसमें से एक थैला निकाला। मैंने सोचा– ''लगता है कुछ खाने का सामान होगा'', मैं बहुत खुश हुआ लेकिन जब उसने थैला खोला तो मैंने देखा कि वह चिऊड़ा था, उसने उसको एक प्लास्टिक पर निकाल दिया और थैले से नमक और प्याज निकाला। मैं देखकर हैरान हो गया कि – अरे! ये कैसा खाना है? मैं अपना मुंह बनाया।

उसने मुझे बोला – "अनिल आओ।"

मैं इंकार भी नहीं कर सका, क्योंकि मुझे भूख काफी तेज लगी थी और उस वक्त मैं कुछ भी खा सकता था। वह तो भला, फिर भी खाने लायक था।

मैं शर्माते हुए थोड़ा सा उठाया और उसे देखने लगा। वह बोला– "खाओ, शर्माना कैसा?"

मैं यह सोच रहा था कि कैसे खाऊँ, यह भी कोई खाना है? कहाँ मैं उम्मीद किया था कि– शायद पूड़ी, सब्जी तो होगा ही लेकिन ये तो कुछ और था।

फिर भी मुझे खाना था। मैं उसको अपने मुंह में डाला और खाने लगा तथा थोड़ा सा नमक भी लिया और फिर प्याज खाया। बस थोड़ा सा खाने के बाद मुझे इतना अच्छा लगा कि मैं ज्यादा–ज्यादा उठाकर खाने लगा और वह देखता ही रह गया कि सारा चिऊड़ा खत्म हो गया।

आप भी कभी खा कर देखना कितना मजा आता है और अगर ना आये तो समझना, भूखा होने की वजह से मुझे बहुत अच्छा लगा होगा। उसने मुझसे टिकट के लिए पूछा– "है की नहीं।"

मैं बोला– "नहीं"।

फिर हम लोग टिकट काउण्टर पर गए और मैंने टिकट लिया। थोड़ी देर बाद कानपुर जाने वाली ट्रेन आयी और हम दोनों ट्रेन पर बैठ गये और सुबह कानपुर पहुँच गए। ट्रेन रूकी हम लोग बाहर आये। इससे पहले मैं कभी कानपुर नहीं गया था, मुझे वहाँ कानपुर में बहुत अच्छा लगा। सबसे पहले रेलवे स्टेशन के सामने घण्टा घर में घड़ी की सुई पर मेरी निगाह गयी, वह मुझे बहुत ही अच्छा लगा। मैं बहुत खुश था। वह मुझे अपने पीछे–पीछे आने के लिये बोला। मैं उसके पीछे–पीछे चलता रहा। कुछ समय बाद मैं वहाँ के "लेबर चौक" पर

पहुँच गया।

"यह वही जगह है जो कि दुनिया बनाती है।" मैं अपने आप से बड़बड़ाया। वह मुझे ऐसी जगह ले गया जहाँ पर कोई बिल्डिंग अभी बन रही थी और अंदर जा कर एक सीमेंट की बोरी लाया। मैं देखकर समझ नहीं पाया कि यह बोरी क्या करेगा? वह मुझसे बोला – "चलों इसमें अपना बैग डाल दो।" मैंने ज्यादा सोचे बगैर उस बोरी में अपना बैग डाल दिया। वह उसे अंदर ले गया और एक कबाड़े से जगह पर रख दिया तथा अपनी भी बोरी वहीं रख दी और ऊपर से थोड़ा कबाड़ा उठाकर डाल दिया। उसने फिर मुझसे बोला – "चलों नहाते हैं तथा नाश्ता कर के काम ढूँढ़ते हैं।" "यह सामान यहीं पे रहने दो, इसे कोई नहीं छुयेगा।"

मेरा बैग जोकि हजारों रूपये का था और उसमें महंगे–महंगे सामान थे, अब वह कबाड़े में पड़ा था और मैं लेबर चौक पे पहुंच गया। वह मुझे उस बिल्डिंग के पीछे ले गया जहाँ पर पानी की सुविधा थी। हम दोनों ने स्नान और ब्रश किया। फिर तैयार हो कर 'लेबर चौक' पहुँचे। वहाँ पर एक बूढ़ी औरत ठेले पर पराठा बेच रही थी। वह उससे 'दुआ–सलाम' किया और मुझे अपना छोटा भाई बताया और मुझसे बोला "कोई पूछे तो तुम मेरे भाई हो, बताना।" मैंने अपना सर हिलाया तथा सहमति जतायी।

उसने उस औरत से पराठे खिलाने के लिये बोला। उस औरत ने दो–दो पराठे दिये। मैं अपना जल्दी से खत्म करके दो और मांगा, वह मेरा मुंह देखने लगा, तब तक मैंने दो और पराठा खत्म कर दिया।

उसने सोचा–"मैं दो खा रहा हूँ और यह चार। इसके पैसे भी मुझे ही देने पड़ेंगे।" लेकिन मैं ऐसा नहीं था। अपना भी और उसके भी पैसे दिये। वह मना तो कर रहा था पर मैं नहीं माना। अब तो मेरे पास विकल्प था कि मैं वहाँ पर रोज पैसे कमा लूँगा। मैं खुश था और जो पैसे मेरे पास थे, उनके खत्म होने पर मुझे कोई अफ़सोस नहीं था।

नाश्ता लेने के बाद उस 'लेबर–चौक' पर मैं भी सभी की तरह ग्राहक के इन्तजार में बैठा कि कोई आये तथा काम बताये और पैसे की कमायी हो। वह भी मेरे साथ था। उसके जानने वाले सारे मुझसे पूछ रहे थे–कि घर छोड़ कर यहां क्यों चले आये?

"यहां कैसा लग रहा है?"

"काम तो कर लोगे न?"

सब मेरी शक्ल पर जा रहे थे और अपना–अपना 'प्वाइन्ट आफ व्यू' दे रहे थे।

उन्हें क्या पता था कि – "एक लड़का जिसने 'कैप्टन' बनने का सपना लेकर सैनिक स्कूल ज्वाइन किया और टाइम ने उसे लेबर–चौक पर पहुँचा दिया।"

मैं उन सब की बातों को एक कान से सुनता और दूसरे कान से निकाल देता। क्योंकि किसी को मेरी असलीयत का पता नहीं था। वह सब उससे बोलते–"अपने साथ काम पर ले जाया करो और इसे मिस्त्री गीरी सिखाया करो क्योंकि लेबर गीरी में मेहनत ज्यादा है और पैसा कम।" मैं भी दया भाव से सहमति में सर हिलाता और बोलता – "सब धीरे–धीरे सीख जाऊँगा।"

•

5

लेबर चौक का पहला दिन

हम दोनों चौराहे पर बैठे रहे। हम लोगों की तरह वहां पर बहुत लोग बैठे थे, वे सब लेबर थे, क्योंकि वह जगह थी 'लेबर चौक'। सभी काम का इन्तजार कर रहे थे इस उम्मीद से कि शायद कोई काम मिल जाये और आज की कमाई का कोटा पूरा हो।

एक आदमी आता और हजारों की संख्या में सभी टूट पड़ते–, "बोलो भाई क्या काम है?"

"मैं और ये ... और ये ... चलने को तैयार हैं।"

"हम लोग बहुत अच्छा काम करते हैं।"

ऐसे ही सभी बड़बड़ाते रहते। लेकिन वह आदमी कुछ सुनने के लिए तैयार नहीं होता। वह अपनी ही बोलता–

"ये काम है ..."

" मैं सिर्फ इतना ही दूंगा......"

कुछ तो मुँह बना कर वहां से चल देते तो कुछ ......

"हां ......हां ...... मैं चलने के लिये तैयार हूँ।"

उस दिन मुझे समझ में आया कि इन्हीं लेबरों को गांव में कितनी–इज्जत मिलती है। लोग इनके पास खुद चलकर जाते हैं और इनसे काम करने के लिये बिनती करते हैं– "भईया चलो, ये काम कर दों"।

"इतने पैसे ले लो, और चाहिए तो ले लो लेकिन काम कर दो ......"

फिर भी ये बोलते हैं – "देखते हैं।" इतना ही नहीं एक बार उनको नाश्ता तथा दोपहर का खाना जाता है। फिर भी ये वहां पर काम करने से टालमटोल करते हैं, लेकिन उन्हीं लेबरों को मैं उस 'लेबर चौक' पर देखकर दंग रह गया।

उस भीड़ के सामने यदि कोई गलती से भी अपनी बाईक रोक देता तो– पूछने वालों की लाइन लग जाती–

"भाई, क्या काम है?"

"सर, क्या काम है?"

बेचारा वह बाईक वाला अपना माथा पकड़कर पश्चाताप करता कि "मतमारी गयी थी कि मैं वहां अपना बाइक रोका।"

फिर वह बेचारा चिल्ला–चिल्ला कर कहता– "मुझे कोई काम नहीं कराना, मैंने बस यूँ ही बाईक रोक दी ..... आगे जाम लगा था।" फिर तो लोग उसे जाने देते।

मैं वहां बैठा चुपचाप तमाशा देख रहा था लेकिन मन ही मन सोच रहा था कि काश मुझे भी कोई काम मिल जाता और कुछ पैसे कमा लेता। लेकिन इतनी आसानी से काम नहीं मिलना था क्योंकि अगर कोई एक काम लाता तो हजार उसको करने के लिए तैयार हो जाते। मैं बहुत शर्मा रहा था। कोई आता तो सभी घेर लेते और मैं उस भीड़ के पास जाने में भी शर्माता ...। जाना चाहता था लेकिन जा नहीं पाता था। ऐसे देखते ही देखते बारह बज गये, कोई काम नहीं मिला। फिर

उसने मुझसे कहा – ''अनिल! कोई आये तो तुम भी वहां जा कर पूछो कि क्या काम है भाई, क्या काम है?''

मैं तो ये देखकर हैरान था ही लेकिन हिम्मत जुटायी–''हाँ जाता हूँ।'' तब तक एक बाईक वाला आया और अपनी बाईक रोकी। सभी मक्खी की तरह झुक गये ... ''क्या काम हैं, भाई? क्या काम है, चिल्लाने लगे।'' मैं वहां तक गया और चुपचाप देखता रहा। भला उस भीड़ में मुझे सुनता ही कौन? फिर मैं शक्ल बनाकर वापस आ गया। फिर भी हिम्मत नहीं हारा, मन ही मन सोचा – ''अगर कोई अब आया तो सबसे पहले मैं रहूँगा।'' फिर बैठकर इन्तजार करने लगा कि कोई आये। वह भी बेचारा कहीं काम नहीं पाया और हमारे ही तरह बहुत सारे लोग थे जो 'आशा' लगाये बैठे थे।

थोड़ी देर बाद फिर एक बाईक पे सवार आदमी आया और उसके हाथ में कुछ टोकेन था जो वह आते ही बांटना शुरू किया और वह बोला–

''आप सभी को ये टोकेन लेकर उसपर लिखे पते पर आना है, खाना और शाम का नाश्ता फ्री है तथा आप लोगों को 'रोड लाइट' उठानी है। इसके 100 रू मिलेंगे।'' मुझे यह स्कीम अच्छी लगी और मैंने भी टोकन लेने के लिए हाथ बढ़ाया। उसने पहले मुझे देखा और देखकर कुछ सोचने लगा। जो टोकेन उसने मेरे लिए हाथ में लिया था वह किसी और को दे दिया।

मैं समझ गया कि यह मुझे देखकर यही सोच रहा था कि ये क्या 'रोड लाइट' उठायेगा? क्योंकि मैं कपड़े से या पहनावे से लेबर नहीं लग रहा था। इस तरह मेरे हाथ से यह भी स्कीम निकल गयी। मैं फिर वापस आकर वहां बैठ गया और काम का इन्तजार करने लगा। थोड़ी देर बाद मैं जिसके पास गया था उसका जानने वाला एक बूढ़ा आदमी आया और उससे बोला–

"भाई एक जगह काम है, दस रूपये घण्टा देगा, चार–पांच घण्टे का काम है, कोई हो तो बताओ–दो आदमियों की जरूरत है।"

उसने मुझे बोला– "अनिल तू चला जा।"

मैं जाने के लिए तैयार हो गया और हम दोनों लोग चल दिये। काम थोड़ी दूर पे ही था। वहां जाने के बाद ठेकेदार ने बताया कि– "यह जो नींव खुदी है इसमें बारिश की वजह से मिट्टी चली गयी है, इसे निकालना है।"

मैं और वह बूढ़ा आदमी काम पर जुट गये। उसने हमें मिट्टी निकालने के लिए फावड़ा तथा एक तगाड़ी दी। मैं फावड़ा और तगाड़ी देखकर डर गया क्योंकि जब मैंने फावड़ा उठाया तो वह काफी भारी था और तगाड़ी उसकी अपेक्षा और भी भारी थी। पर मैं कर भी क्या सकता था, मुझे इसी फावड़े और तगाड़ी से काम करना था। हम लोग इसको लेकर खुदी नींव में घुस गये। मैंने पहले फावड़ा लिया और बोला कि मैं मिट्टी उठाता हूँ और आप इसे बाहर फेंको। मैंने सबसे आसान काम चुना था। जब मैं फावड़े से मिट्टी निकालता तो फावड़ा बहुत ही भारी हो जाता और मुझसें उठता भी नहीं था। क्योंकि एक तो फावड़ा भारी था और ऊपर से मिट्टी गीली थी। मैंने एक–दो बार मिट्टी उठाया तो पता चला, कितना मुश्किल काम होता है, लेकिन हम लेबरों को कोई कुछ नहीं समझता। मैं अन्दर काम कर रहा था और कॉलेज के लड़के–लड़कियों को आते–जाते देखकर मुझे शर्म आ रही थी कि मैं अपनी जगह कहां बना लिया और इस समय मैं कहां पहुंच गया हूँ। पर क्या करता अब तो मैं जिस रास्ते पर निकल चला था उस पर चलना ही था। मैं मिट्टी निकालते–2 थक गया और मैंने सोचा मिट्टी बाहर फेंकने का काम कर लेता हूँ, शायद यह आराम का काम हो। मैं उससे बोला कि "आप लगता है थक चुके हो, अब आप फावड़े से मिट्टी निकालों और मैं इन्हें फेंकता हूँ।" लेकिन वास्तव में मैं बहुत थक चुका था। वह बहुत खुश हुआ और बोला– "ठीक है बेटा।" फिर

वह फावड़े से मिट्टी उठाने लगा और मैं तगाड़ी से मिट्टी फेंकने के लिये तैयार हो गया। जब उसने मिट्टी भरी तगाड़ी मेरे सर पर उठायी, मैं उसे 10 सेकेण्ड तक ही अपने सर पर रख पाया, उसके बाद नीचे फेक दिया, तब मुझे समझ में आया वास्तव में जो मैं पहले काम कर रहा था वही सबसे आसान काम था। मैं उनसे बोला–''दादा'' ''थोड़ा कम–कम उठाओं।'' वह बोले – ''ज्यादा भारी हो जा रहा है, चलो अब थोड़ा–थोड़ा उठाता हूँ।'' फिर उसने आधी तगाड़ी मिट्टी मेरे सर पर उठायी। मैंने एक–दो बार तगाड़ी से मिट्टी फेंकी और थक कर बैठ गया क्योंकि मिट्टी फेंकने के लिये नीव से बाहर निकलकर थोड़ी दूर पर फेंकना पड़ता था। यह तो बहुत ही कठिन काम था। फिर मैं उनसे बोला – ''दादा आप ही फेंकने का काम करो, मुझसे यह नहीं हो रहा है।'' वह समझ गया। मैंने कहा– ''कलम पकड़ने वाला आदमी, फावड़े और तगाड़ी से कैसे काम कर सकता है।'' फिर वे काम करने के लिये राजी हो गये। मैंने सारा काम उन्हीं से करवाया। मैं फावड़ा छोड़कर हाथ से ही मिट्टी उठाता और फिर वह उसे बाहर फेंकते। इस प्रकार हाथ से मिट्टी उठाने में कइयों बार हमारे हाथ में शीशा धँस गया और ब्लीडिंग होने लगी। तो वह मुझ पर दया दिखाते और सारा काम खुद ही करते। तकरीबन हमने पांच घण्टे तक काम किया। रेट तों सस्ता तय हो चुका था, उस बूढ़े आदमी के मुताबिक लेकिन मेरे लिए तो अच्छा ही था क्योंकि पहले ही दिन बोहनी हो गयी। हम लोग इस काम को खत्म करके ठेकेदार के पास पैसे लेने गये तो उसने फिर एक काम बता दिया कि –''ये जो बाहर ईंट पड़ी है, इनको ऊपर चढ़ा दो।'' मैं उन ईंटों को देखकर डर गया, क्योंकि वह बहुत ज्यादा था। मैं दादा से बोला– ''एक तो रेट कम लगा है और काम बहुत मेहनत का है तो आप एक काम करो अभी पाँच घंटे का पच्चास रूपये ले लो और कह देते हैं कि खाना खाने के बाद काम करेंगे।'' वे मेरे बात पर राजी हो गये और ठेकेदार से पैसे मांगे तथा खाने के बाद काम करने की बात कही लेकिन वह मान नहीं

रहा था और न ही पैसे दे रहा था। बहुत बिनती करने के बाद वह माना कि –''जाओ खाने के बाद ये काम कर देना।'' लेकिन पैसे देने में आना–कानी कर रहा था। तब मैं उससे बात किया कि – ''मैं अभी नया हूँ सर, मैं आज ही काम पर आया हूँ और आज मेरा पहला दिन और पहला काम है।'' ''मेरे पास खाने के भी पैसे नहीं है, प्लीज मुझे पैसे दे दो।'' तो उसे मेरे ऊपर दया आ गई और वह मुझे 100 रू दिया जिसमें 50 मेरे और 50 उसके थे। यह 50 रू मेरी पहली कमायी थी।

हम लोग वापस चल दिये और फिर काम पर न जाने की प्लानिंग की। उस लेबर चौक के पास 'रैनबसेरा' था जिसमें हम लोग गये और 10 रू देकर भर पेट खाना खाया और वहीं आराम करने लगे। वहां पर हम लेबरों की तरह ही विश्राम करते थे। मैं वहां आराम से नीचे सोया और अपनी नींद पूरी की। मेरे साथ वाला भी वहीं आराम से पड़ा रहा। शाम हो चुकी थी, हम लोग घूमने निकले और उसने अपने घर फोन पर बात की, तो उसे पता चला उसकी बीबी की तबीयत बहुत खराब है, तब वह पुनः शाम की ट्रेन से फिर वापस चला गया। अब में बिल्कुल अकेला हो गया लेकिन उसने जाने से पहले मुझे सब कुछ समझा दिया था कि कौन–कौन से लोग अच्छे हैं और किसके–किसके साथ मैं रह सकता हूँ। मुझे पूरी बात समझ में आ गयी, मैं उसको स्टेशन छोड़ने गया और अलविदा बोला। मैं वापस फिर 'लेबर चौक' पर चला आया और शाम का खाना वहीं रैनबसेरा में 10 रू देकर खाया। वह जिन लोगों को बोला था कि मेरा ख्याल रखना, मैं उनके पास गया और जान–पहचान बनाने लगा। थोड़ी देर बाद वे लोग मेरे अच्छे दोस्त हो गये। जिनमें हम चार एक अच्छे दोस्त बन गये। हम चार लोगों के ग्रुप में – मैं, राहुल, आशीष और सुमित थे। राहुल, आशीष और सुमित मेरी तरह ही किसी और वजह से घर छोड़कर आये थे। हम चारों की घर छोड़कर भागने की लगभग सामान्य मजबूरी थी।

रात काफी हो चुकी थी, सभी 'रैन बसेरा' को खाली कर रहे थे।

वहां पर रात में रूकने का परमिशन नहीं था। हम लोगों ने भी यहां से जाने की प्लानिंग की। हम लोगों को रात में बहुत परेशानी झेलनी पड़ी। क्योंकि दिन में काम या रैनबसेरा का सहारा होता था लेकिन रात में ठहरने के लिए कोई जगह नहीं थी। वैसे मैं उनके साथ गया और एक मकान बना हुआ था जिसमें दीवाल जुड़ाई का काम हो चुका था लेकिन अभी बहुत सारा काम बाकी था, वे तीनों वहीं पर बाहर उस मकान के गेट के सामने बने चबूतरे पर एक सीध में बिस्तर लगाकर सोने की प्लानिंग किये। मैं भी अन्दर गया और दो–तीन बोरी उठा लाया और उनको एक दूसरे के साथ मिला कर सो गया। मैं तो काफी थका हुआ था, नींद बहुत आ रहीं थी लेकिन सो नहीं पर रहा था। क्योंकि एक तरफ मच्छर बार–बार परेशान कर रहे थे और दूसरी तरफ फर्श पर सोना और वह भी बोरी जैसे सख्त बिस्तर पर। ऐसी स्थिति मेरी लाइफ में पहली बार हुई थी पर मैं क्या करता, अपने आप को समझाया, "कि अब खुले आसमान के नीचे तथा ऐसे ही रोज रात में सोने की आदत डाल लो।"

मेरी तरह वे भी परेशान थे और उन्हें भी नींद नहीं आ रही थी। इधर रात बितती जा रही थी और सुबह जल्दी जागना भी था। हम लोग आपस में बातें और हंसी मजाक करते। इस हंसी मजाक ने तो हमारे सारे गम भूला दिये थे। हम लोग अपने आप को बहुत खुश इंसान समझ रहे थे। किसी बात की न तो चिन्ता थी न ही किसी चीज की कमी। ऐसे ही धीरे–धीरे एक–दो बज गये और हम लोगों का हंसी मजाक चलता रहा।

6

घड़ी की सुई पुलिस की गाड़ी

रात काफी हो चुकी थी। अब नींद भी अपने आगोश में हम चारों को बुला रही थीं, अभी आंखे हल्की–हल्की बन्द हो रही थी। तब तक मेरे कानों में पुलिस की गाड़ी की हल्की–हल्की आवाज सुनायी दी। मैंने अपनी निगाहें अपनी कलाई पर बंधी घड़ी पर डाली, कुछ साफ नहीं दिख रहा था, इस वजह से मैं वहाँ पड़ रही रोशनी में गया और समय देखा और बड़बड़ाया – "इतनी रात को पुलिस की गाड़ी, इधर क्यों दौड़ रही है।" जमाही लेते हुए ... "होगी कोई बात।"

अभी मैं सोच ही रहा था कि – "चलो चल के सोते हैं।" तब तक पुलिस की गाड़ी मेरे पास आ गयी और मैं डर गया। सुमित ने आवाज लगाई– "अजीत वहां से भाग और आकर सो जा।" मैं झटके में वहां से भागा। तब तक गाड़ी के अन्दर से आवाज आई– "अरे! रूक भागता कहां है?" मैं आकर अपने बिस्तर पर सो गया। अन्दर गाड़ी से निकलकर एक पुलिस वाला मेरे पीछे दौड़ा और मेरे पास आकर मेरी चादर खींचते हुए बोला – "अरे! उठ भाग कहां रहा है?"

मैं– "सर कहां भाग रहा हूँ, मैं वहां समय देखने गया था और देखकर आ गया।"

"ओ! समय देखने गया था।" "चल माल निकाल।"

''सर ... सर! कैसा माल?''

एक झापड़ मारते हुए – ''अबे ज्यादा होशियार मत बन।''

''जो दुकान का ताला तोड़कर, माल ले आये हो, वही माल।''

झापड़ की आवाज सुनकर पुलिस की गाड़ी से, चार पुलिस वाले और दौड़ कर आये और मुझ पर टूट पड़े।

''कोई इधर से खींच रहा था तो कोई उधर से।'' जब सुमित देखा कि अत्याचार ज्यादा हो रहा है, तब वह उठा और उनको पीछे से पकड़ कर खींचने लगा– ''छोड़ो उसको, छोड़ो।''

तब तक राहुल और आशीष भी खड़े हो गये और एक–एक पुलिस वाले को पीछे से पकड़ कर खींचने लगे। उस समय वहां का माहौल बहुत अजीब था। दूर से देखो तो वहां पर पुलिस और हम लोगों में छीना–झपटी चल रही थी और तेज–तेज से शोर–गुल हो रहा था। पुलिस वाले चिल्ला रहे थे–

''माल दे दो और एक दूसरे से बोल रहे थे, पकड़ो–पकड़ो।'' हम लोगों के पास न तो कोई माल था और न ही हम लोग कहीं भागने वाले थे। हम लोग चिल्लाते रहे–''हम लोगों ने कोई चोरी नहीं की है, न ही हमारे पास कोई माल है।'' लेकिन वे कहां सुनने वाले थे, उन्हें तो किसी को भी चोरी के जुल्म में पकड़ कर अन्दर करना था। नहीं तो वे अपने सीनियर को क्या जबाब देते?

हम लोग चिल्लाते रहे, झापड़ खाते रहे, पर उनके कानों में जूँ तक नहीं रेंगा। उन लोगों ने हम चारों को पकड़ कर गाड़ी में बैठा लिया और थाने ले गये। वहां पर भी पूछताछ की। हम लोगों का बस एक ही जवाब था–''सर हम लोग कुछ नहीं जानते हैं, कोई चोरी हमने नहीं की है।'' वे कुछ सुनने को तैयार नहीं थे। मैं बोलता रहा कि मैं वहाँ पर समय देखने गया था, वहां थोड़ी रोशनी ज्यादा थी, हम लोग 'लेबर–चौक' पर काम करते हैं। नींद नहीं आ रही थी तो जगे हुए थे।

लेकिन कोई कुछ भी सुनने के लिये तैयार नहीं था। हम चारों लोगों को अन्दर बन्द कर दिया गया। फिर मैं अपने आप को दोषी समझ रहा था कि अगर मैं समय देखने उधर नहीं जाता तो ये सब नहीं होता लेकिन जो होना था, वह तो हो गया, अब पश्चाताप करने से कोई फायदा नहीं था। मेरे तीनों दोस्तों ने मुझे समझाया कि वहां भी सोना था और यहां भी सोना ही है, तो क्या फर्क पड़ता है। चलों अब यही सोते हैं। नींद तो वाकई बहुत आ रही थी, फिर हम लोगों ने किसी चीज की परवाह न की और वहीं, फर्श पर सो गये और थोड़ी देर बाद बहुत अच्छी नींद भी आ गयी। हम लोग अभी सो ही रहे थे, तब तक एक पुलिस वाले ने आवाज लगाई– ''ओय! चलो उठो दोपहर हो गयी है।'' उसकी आवाज सुनकर हम लोग चौंक गये और उठकर बैठ गये। फिर वह आया और ताला खोल दिया तथा बोला–''चलो'', ''भाग जाओ।'' हम लोग बहुत खुश हुए तथा ज्यादा कुछ बात किये बगैर वहां से निकल लिये, नहीं तो क्या पता फिर किसी वजह से अन्दर कर देता। जल्दी–जल्दी बाहर निकल कर आये और 'लेबर–चौक' की तरफ बढ़े। रास्ते में पुलिस वालो को बहुत नई–नई गालियां दीं तथा बाहर आने की खुशियां मानायी।

'लेबर–चौक' पर सभी इकट्ठा हो चुके थे और हर दिन की तरह ग्राहक का इन्तजार कर रहे थे। हम लोग वहां गये और वहां से उस जगह पर गये, जहां पर हम सब सो रहे थे और पुलिस हम लोगों को उठा ले गयी थी। वहां जाकर अपना बिस्तर उठाया और अन्दर बनी बिल्डिंग के एक कोने में फेंक दिया तथा फिर सुलभ शौचालय जा कर फ्रेश हुए और स्नान किया। हम चारों लोग तैयार होकर 'रैन बसेरा' में विश्राम करने के लिये गये। उस अगले दिन काम करने के लिये मन नहीं कर रहा था और कुछ अच्छा भी नहीं लग रहा था। अब हम लोगों का कानपुर से दिल टूट चुका था और हम लोग यहां रहना भी नहीं चाहते थे।

तो यह साफ था कि हम लोग कानपुर के 'लेबर चौक' को हमेशा

के लिए ''बाय'' बोलने वाले थे और ऐसी ही एक जगह की तलाश थी–'जो दुनिया बनाती हो', मेरा मतलब हम चारों किसी और जगह की 'लेबर चौक' पर जाने की तलाश में थे। हम सभी अपने–2 दिमाग का घोड़ा दौड़ा रहे थे और एक–एक जगह बता रहे थे–जैसे सुमित ने बताया – ''हरिद्वार चलते हैं'' तो राहुल ने– ''इलाहाबाद चलते हैं।'' पर मैं ऐसी जगह जाना चाहता था कि जहां पर पैसा ज्यादा हो और इस तरह पुलिस का बरताव न हो। कुछ समझ में नहीं आ रहा था, बहुत सोचने के बाद 'दिल्ली' दिखाई दी–जो हम लोग अपनी खुली आंखों से ख्वाब देख रहे थे।

'दिल्ली', भारत का दिल तो है ही अब हम चारों का दिल भी बनने वाला था, जहां के 'लेबर चौक' पर हम सभी दिल लगाकर काम करने वाले थे। अन्दर से बहुत अच्छा महसूस हो रहा था और मन में दिल्ली आने की जल्दी थी। इससे पहले मैं कभी भी 'दिल्ली' नहीं आया था। अब जल्दी–जल्दी हम चारों ने पास के ढ़ाबे पर खुब खाना खाया और मैं बोला– ''लगभग दो दिन का खाना अच्छे से खा लो, शायद दो दिनों तक नसीब न हो कि इस तरह बैठकर आराम से दाल–चावल, रोटी–सब्जी खाने को मिले और न भी मिले तो समोसे, चाय पी कर काम चलाया जा सके।'' क्योंकि हम लोगों के लिए दिल्ली नया शहर था और न तो कोई जान–पहचान और न किसी जगह या रास्ते की जानकारी। पर 'लेबर–चौक' पर काम करने वालों की एक खासियत बता दूँ– ''वे ऐसे लोग होते हैं–जो किसी जगह, किसी शहर में बिना जान–पहचान के जा सकते हैं और अपने रहने और खाने की व्यवस्था कर सकते हैं, वे भी बिना किसी परेशानी के।'' अगर आप इसका कोई वजह जानना चाहते हैं तो– ये ही समझ लीजिए–जिसने दुनिया अपनी हाथों से बनायी हो, तो उसे जगह की पहचान तो होगी ही ना।

यह बात अलग है–कि 'कोई इमारत, बनाने वाले के नाम से नहीं जानी जाती बल्कि अपने नाम से जानी जाती है।'

खाना खाने के बाद हम लोगों ने अपना सामान लिया और रेलवे स्टेशन आ गये। वहां पर 'दिल्ली' जाने के लिए 'टिकट' लिया और स्टेशन पर ट्रेन का इन्तजार करने लगे। समय बितने में टाइम नहीं लगा। ट्रेन स्टेशन पर आ गयी और हम चारों–'जनरल बोगी' में बैठ गये।

7
ट्रेन का सफर

थोड़ी देर बाद ट्रेन चलना शुरू हुई। मैं बहुत खुश था, मन में दिल्ली देखने की उत्साह थी लेकिन दिल्ली पहुंचने की कोई जल्दी नहीं थी। लेबर चौक पर रहकर मैं भी सीख गया था—हर समय, हर पल, हर जगह का मजा लेना—जी भर कर जीने की आदत मुझे पड़ गयी थी। हम लोगों को बैठने के लिए सीट नहीं मिली। तो आशीष ने अपनी चादर निकाली और फर्श पर डाल दी। अब आराम से चारों लोग फर्श पर बैठ गये। ऊपर सीट पर पांच–2 लोग बैठे थे लेकिन किसी को बैठने नहीं दे रहे थे। अगर थोड़ा–थोड़ा जगह बना देते तो 6 लोग आराम से बैठ सकते थे, पर ऐसा नहीं था—ट्रेन में सभी अपना सोचते हैं, दूसरों की परेशानी से किसी को क्या फर्क पड़ता है।

ट्रेन 'एक्सप्रेस' थी—लेकिन धीरे–धीरे हम लोग आगे बढ़ते रहे, इसी के साथ भीड़ भी बढ़ती रही। जैसे–जैसे शाम होने लगी वैसे–वैसे भीड़ ज्यादा होती रही और एक ही बोगी में सभी भरते गये। ट्रेन हर स्टेशन पर रूकती और लोग चढ़ते थे, उतरना तो शायद ही किसी को होता था। हम लोग आराम से ट्रेन का नजारा लेते हुए सफर कर रहे थे। वहां दूरवाली सीट पर बैठी एक सुन्दर लड़की हम चारों को देख रहीं थी। इसकी वजह मुझे नहीं पता, क्योंकि हम सभी इतने शकल

से अच्छे भी नहीं हैं। हां ... पर मैं यह अनुमान लगा सकता हूँ कि हम लोगों के मस्ती करने की वजह से उसकी निगाह हम पर थी। वाकई वह बहुत ही खुबसूरत थी, उसको बार–बार छुपी निगाहों से देखना आदत की तरह बन गयी और मन में यही ख्याल आता–काश, वह मेरी होती। पर ऐसा नहीं था, वह, वहां बैठे शादी–शुदा, कँवारे, बुढ़े सभी की थी, ... पर मन ही मन में। क्योंकि सभी एक टक लगाकर उसको छुपी निगाहों से देखते थे। मेरा मतलब ज़ब वह किसी और की तरफ देखती तो दूसरे तरफ वाले उसे देखते। पर लड़की पाने के लिए हिम्मत करके उसकी आंखों में देखना पड़ता है। इसी नजारे का लुत्फ उठाते–उठाते हम लोग धीरे–2 आगे बढ़ रहे थे, बाहर की तरफ भी हल्का–हल्का अंधेरा छाने लगा था। ट्रेन आगे चलकर एक बड़े स्टेशन पर रूकी, वहां भीड़ काफी थी। ट्रेन के रूकते ही एक शोर मची, ''दौड़ो–दौड़ो''। सभी आगे की जनरल बोगी की तरफ भाग रहे थे। कोई ट्रेन के दरवाजे के सहारे लटक कर दौड़ रहा था, तो कोई किसी के ऊपर दौड़ रहा था। किसी को इसका अन्दाजा नहीं था कि कोई ट्रेन के नीचे चला जायेगा। सब ट्रेन के अन्दर सीट पाने के लिए दौड़ रहे थे और अन्दर वालो ने स्टेशन पर ट्रेन आने से पहले भीड़ देखकर दरवाजा बन्द कर लिया।

इसी दौरान एक लड़का जो ट्रेन के दरवाजे के सहारे दौड़ रहा था, अचानक उसका हाथ छूट गया और वह नीचे गिर गया, उसके ऊपर लोग दौड़ने लगे, किसी में इतनी सबर नहीं कि उसे उठाकर किनारे कर दे। वहां दूर खड़ा आदमी जो यह नजारा देख रहा था, वह इस घटना को देखकर, दौड़कर आया और उसे किनारे खींच लिया।

अगर वह मौके पर नहीं आता तो शायद वह ट्रेन के पटरी पर चला जाता और उसकी जान चली जाती। मुझे लगता है–ट्रेनों की ऐसी दुर्दशा केवल भारत में ही है और इसका जिम्मेदार हमारी सरकार है। अगर हमारी सरकार कुछ इस तरह का व्यवस्था रखती कि अगर जिस ट्रेन की ऐसी स्थिति हो तो उसके अगले स्टेशन पर दो और

जनरल बोगी जुड़वा देती, यानी बड़े स्टेशनों पर रिजर्व बोगी रखने की व्यवस्था। पर किसी को क्या फर्क पड़ता है। सरकार को तो सिर्फ टिकट के पैसे चाहिए और ट्रेनों से मुनाफ़ा।

लोग जनरल बोगी के बन्द दरवाजे को पीटने लगे– ''दरवाजा खोलो ... दरवाजा खोलो ...'' पर सुनता कौन है? बाहर वाले अन्दर आना चाहते थे और अन्दर वाले ज्यादा भीड़ नहीं बढ़ाना चाहते थे। पर बाहर खड़े लोगों को तो जाना ही था। वे लोग दरवाजा पीटते रहे– ''दरवाजा खोलो ... दरवाजा खोलो ... ''लेकिन कोई खोलने को तैयार नहीं था। किसी ने सच्च ही कहा है–''जब सीधी अंगुली से घी नहीं निकलता तो अंगुली टेढ़ी करनी पड़ती है।'' अब बाहर खड़े लोग बहुत ही परेशान हो चुके थे, अब उनको दरवाजा खुलवाने के लिए अंगुली टेंढ़ी करनी पड़ी। बाहर खड़े कुछ नवजवानों ने गाली देना शुरू किया तो कुछ सामने वाली पटरी पर पड़े पत्थर उठा लाये और लोगों के ऊपर फेकने की धमकी दी। दरवाजा खुलवाने के लिए वस इतना काफी था। पत्थर फेकने की बात सुनकर एक बुजुर्ग आदमी खड़ा हुआ और जा कर दरवाजा खोल दिया। सभी उस बोगी में, भूसे की तरह भर दिये गये। हम लोग भी जो आराम से बैठे थे अब थोड़ा बेआराम हो गये। उस भीड़ में एक लड़की जो अन्दर आने के लिए धक्का–मुक्की कर रही थी। लेकिन भीड़ इतनी ज्यादे थी कि जो जहां था, वहीं खड़ा था, लेकिन वह लड़की प्रयास करती रही और हमारे पास तक आ गयी। मैं तुरन्त खड़ा हुआ और उससे बोला– ''आप यहां आराम से बैठ जाओ और मैं खड़ा हो जाता हूँ।'' वह बिना कुछ बोले बैठ गयी और थोड़ी देर बाद ट्रेन चलना शुरू हो गयी। कुछ देर बाद उसने मुझसे पूछा – ''आप को कहां जाना है?''

मैंने उत्साहपूर्वक जवाब दिया – ''दिल्ली''। अब आप सोच रहे होंगे की मैंने इतने उत्साहपूर्वक जबाब क्यों दिया? क्योंकि जब मैंने उसको जगह दी तो उसने मुझे ''थैंक्स'' तक नहीं बोला और मैंने खड़े हो कर अपनी परेशनी बढ़ा ली। लेकिन जब वह थोड़ा 'रिलैक्स' हुई

तो मुझसे बातें करना शुरू कर दिया और बोली– ''आप भी यहां बैठ जाओ, कब तक खड़े रहोगे।'' मैं भी यही चाहता था कि कब मुझे मौका मिले जिससे मैं उसके पास बैठ सकूँ। अब हम दोनों जान–पहचान बढ़ाने लगे। मुझसे वह कुछ भी पूछती, मैं उसका जवाब बढ़ा–चढ़ा कर देता। बस यू कह लो मैं उसके सामने खूब फेंक रहा था और वह लपेटती जा रही थी। मेरे बगल में बैठे आशीष, राहुल और सुमित मेरी बातें ध्यान से सुन रहे थे और मन ही मन मुस्करा रहे थे, क्योंकि मैं इतना जो फेंक रहा था। लेकिन उनमें एक खास बात थी, जो वे मुझे 'डिस्टर्ब' नहीं कर रहे थे, मुझे मेरी खिचड़ी पकाने का पूरा मौका दे रहे थे। मैं भी इसका पूरा फायदा उठा रहा था। उसे बहुत देर तक तो पता ही नहीं चला कि वे तीनों भी मेरे साथ हैं। मैंने भी बताना उचित नहीं समझा, सोचा–कहीं उसे, ये तीनों 'कबाब में हड्डी' की तरह ना लगे।

अब ट्रेन भी रफ्तार पकड़ चुकी थी और रात भी काफी हो गयी थी। सभी सोने के लिए परेशान थे, सबकी आँखे बंद हो रही थी लेकिन मैं मौके की तलाश में था कि ज्यादा से ज्यादा मजे ले सकूं। सीट पर बैठे लोग एक–दूसरे के कंधों पर अपना सर टिकाकर सो रहे थे और खड़े लोग एक–दूसरे पर सोने की कोशिश कर रहे थे। मैं चुपचाप सब को देख रहा था और उसके भी सोने का इंतजार कर रहा था। मेरा काम आसान हो गया जब ऊपर वाली सीट पर बैठे लोगो ने बत्ती बंद कर दी। बोगी में रोशनी थी पर इतनी नहीं। अब माहौल बिल्कुल शांत था, ट्रेन की चलने की आवाज सब को लोरी गाने की तरह थी। क्योंकि जब तक ट्रेन चलती रहती सभी सोये रहते पर ज्योंही ट्रेन रूकती सब जगजाते और शोर–गुल करने लगते। पर क्या किया जा सकता था, ट्रेन का काम था चलना–रूकना पर अपना तो काम जारी ही था। मैं धीरे–धीरे बिल्कुल उसके बगल में चला गया। अब वह भी सो रही थी और उसने अपना सर मेरे कंधे पर रख दिया। मैं भी उसको 'सपोर्ट' दिया और सोने का बहाना करने लगा। राहुल, सुमित और आशीष भी सो रहे थे। मेरे पास अब इससे अच्छा मौका कुछ भी नहीं हो सकता

था। मैं उसके बगल में था और मुझे इस बात का अंदाजा नहीं था कि अगर मैं अपने पैर मोड़ता हूँ तो क्या होगा, लेकिन जब मैं अपना दांया पैर फोल्ड किया तो मेरे पैर का अगूंठा उसके पैरों के बीच जा पहुंचा। वह चौक गयी और अपना सर दूसरी तरफ फेर कर मेरे कंधे पर रख दिया तथा हल्का सा मेरी तरफ मुड़ गयी। अब मुझसे बिल्कुल कन्ट्रोल नहीं हो रहा था। मैं बहुत परेशान हो गया और समझ में नहीं आ रहा था कि मैं इससे ज्यादा कैसे और क्या करूं?

अब मैं भी बहुत ज्यादा नींद में होने का बहाना करने लगा तथा उसकी तरफ और हल्का सा मुड़ गया। मैं भी धीरे–धीरे मजे लेने लगा। मुझे नहीं पता कि वह नींद में थी या मेरी तरह नींद में होने का नाटक कर रही थी। वह भी मेरे साथ पूरा सहयोग कर रही थी और बिल्कुल चपकी हुई थी। मैं कभी–कभी बीच–बीच में अपनी एक आँख खोल कर उसके होठों को देखता और मेरे मन में चुंबन करने की तरंगे दौड़ जाती, पर मैं डर जाता। मैं यह नहीं समझ पाता कि वह जगी है या सो रही है। बहुत देर तक सोचने और उसके होठों को देखने के पश्चात, मैं हिम्मत जुटा पाया और चुम्बन करने के लिये निश्चय कर लिया। बहुत बार कोशिश की पर असफल रहा। तो अंत में मुझे एक आइडिया सूझा। मैं और सोने का बहाना करने लगा और मौका देखकर तथा लोगों से मुंह छिपाकर उसके होठ के पास अपना होठ कर दिया। अब हम दोनों के बीच में बस एक मौके का फर्क था, मैं इंतजार कर रहा था कि कब ट्रेन एक झटका दे। वो भी समय तुरंत आ गया, जब ट्रेन बिल्कुल अपने रफ्तार में आयी। अब मेरा होठ उसके होठों पर था।

मुझे ये पता था कि मुझसे कंट्रोल नहीं हो रहा है पर ये नहीं पता था कि अब उससे भी कंट्रोल नहीं हो रहा है। हम दोनों ने अब एक लम्बा चुम्बन किया। मैं और भी बहुत कुछ करना चाहता था, बस मुझे मौके की तलाश थी। ट्रेन रूकती–चलती रही और हम दोनों ने कई बार चुम्बन किया। अब मैं श्योर था कि वह भी मेरी ही तरह सोने का

बहाना कर रही थी। थोड़ी देर बाद उसने अपनी आँखें खोली और एक लम्बी सी जमाही ली। मैं भी सीधा हो गया और अपनी आँखे धीरे–धीरे खोली। वह मुझे देखने लगी और बिल्कुल शांत थी। मैं उस वक्त बिल्कुल डरा नहीं और उसको देखने लगा तथा अनजान बन रहा था कि मानो हम दोनो के बीच कुछ हुआ ही नहीं है। वह भी कुछ ऐसी ही फीलिंग दे रही थी। थोड़ी देर बाद वह खड़ी हुई और बाथरूम की तरफ गई। अब मेरे मन में हलचल मच गयी। मैं सोच रहा था कि उसके पीछे जाऊँ कि ना जाऊँ, पता नहीं उसका क्या इरादा है, मैं उस बीते पल को याद किया और उसके पीछे बाथरूम की तरफ चल पड़ा। वहाँ जाकर मैं बाथरूम के दरवाजे को 'नॉक' किया, दरवाजा अंदर से बंद नहीं था, वह तुरंत खुल गया। मैं अंदर चला गया और चारों तरफ देखा, वह वहाँ नहीं थी। मैं समझ गया कि वह सामने वाले बाथरूम में मेरा इंतजार कर रही है। अब मेरी बेचैनी चरम सीमा पर थी। मैं जल्दी–जल्दी उस बाथरूम से बाहर निकला और उसको बाहर से बंद किया। फिर मैं उस सामने वाले दरवाजे को नॉक किया। लेकिन वह पहले वाले दरवाजे की तरह इस बार नहीं खुला। मैं दुबारा नॉक किया और इस बार थोड़ा दरवाजे पर जोर लगाया। लेकिन फिर भी दरवाजा नहीं खुला तो मैं थोड़ा तेज–तेज दरवाजा पीटा। तब तक दरवाजा खुल गया और वह अंदर ही थी, यह देख मैं तुरंत अंदर हो गया। वह मुझे इस हालत में देखकर हंसने लगी और बोली– ''क्या हुआ? बहुत तेज लगी है।''

अभी मैं कुछ बोल पाता कि वह हँसते–हँसते बाहर चली गयी और मैं देखता ही रह गया। 'मेरे दिल के अरमान सारे आँसूओं में बह गये।' मैं दरवाजा बंद किया। फिर दुखी मन से बाहर निकला तथा फिर उसके पास जाकर बैठ गया। वह मेरे कंधे पर अपना सिर टिका कर फिर सोने लगी। मैं भी अब नींद की आगोश में जाने लगा। ट्रेन चलती रही हर एक छोटे–बड़े स्टेशनों पर रूकती रही। हम लोग धीरे–धीरे दिल्ली के करीब पहुँच रहे थे। मुझे वह काली रात याद है

जो मैंने सोचा नहीं था और ऐसा कुछ हुआ।

मैं बिल्कुल नींद में था और उसका सपोर्ट लेकर आराम से सो रहा था। तभी मेरे कानों में एक शोर–गुल सुनायी दिया। अब मैं शोर–गुल से परेशान होकर जग गया। वह भी नींद से जग गयी और बोली– "जाकर देखों क्या हो रहा है?" मैं मन ही मन गाली बड़बड़ातें हुए उधर देखने के लिए गया तो पता चला कुछ लोग गेट पर खड़े थे और आपस में जगह को लेकर लड़ रहे थे।

वे दोनों करीब 26 वर्ष के आस–पास होंगे। उनमें एक दूसरे को बर्दाश्त करने की क्षमता नहीं थी। कहा–सुनी करते–करते, गाली–गलौच करने लगे। कुछ लोगो नें उनको चुपकराने की बहुत कोशिश की पर वे एक–दूसरे को देखना नहीं चाहते थे। धीरे–धीरे बात बहुत आगे बढ़ गयी तथा हाथा–पायी चालू हो गयी, मैं जल्दी से जा कर एक को पकड़ा तब तक दूसरे ने दो–तीन हाथ लगा दिया, अब वह कहाँ मेरे काबू में आने वाला था, मैंने भी अंत में छोड़ दिया। वे दोनों जब हाथा–पायी किये तथा लोगों से देखा नहीं गया तो कोशिश कर के झगड़े को शांत कराया, लेकिन अभी भी दोनों का मुह बंद नहीं था, कुछ ना कुछ कहा–सुनी चल रही थी। एक आदमी जो बहुत देर से सोने की कोशिश कर रहा था, पर इनके झगड़े के चलते सो नहीं पा रहा था, वह झल्ला कर बड़बड़ाया – "इन दोनों को बाहर फेंक दो.......... बहुत देर से हल्ला कर रहे हैं।" वह बड़बड़ाते हुए फिर सोने की कोशिश करने लगा। लेकिन अभी ये दोनों चुप रहने के मुड में नहीं थे, कहा–सुनी चल ही रही थी। एक ने दूसरे से कहा– "अब शांत रह नहीं तो तेरे को बाहर फेंक दूँगा।" दूसरे ने इसका मुहतोड़ जवाब दिया और कुछ अपमान जनक बातें कही। अब बात यहाँ तक पहुंचेगी, मैंने कभी सोचा भी नहीं था, पहले वाले लड़के ने तुरंत अपना पैर चला दिया और अभी वह संभल पाता की एक और दे दिया। वह देखते ही देखते दरवाजे से बाहर जा गिरा और बहुत जोर से चिल्लाया। उसकी चीख़ सुन कर सबके होश उड़ गये और मेरा दिल उसके ख़ौफ़नाक

चीख़ से दहल गया। सब उसके ऊपर चिल्लाने लगे और पूरे बोगी में खलबली मच गयी। मैं भी घबराया हुआ था और जल्दी से अपनी जगह पर आकर बैठ गया और मैं अपने आप को इस लफड़े से दूर रखना चाहता था। मेरी ही तरह सभी अपने आप को मुसीबत में नहीं डालना चाहते थे, सब उस लड़के से दूर हट गये और चुप्पी साध लिये।

10–15 मिनट बाद ट्रेन अगले स्टेशन पर रूकी, अभी ट्रेन प्लेटफार्म पर धीमी ही हो रही थी, कि वह लड़का जल्दी से बाहर निकलकर भाग गया। किसी को इस बात का अंदाजा नहीं था कि वह अगले स्टेशन पर ट्रेन से भाग जायेगा। मुझे नहीं लगता कि कोई इस घटना को पुलिस को खबर भी करता और अगर वह भागता भी नहीं तो भी उसका कुछ नहीं होता। लेकिन वह बहुत डरा हुआ था, इस वजह से स्टेशन आने पर ट्रेन से भाग गया।

ट्रेन कुछ मिनट रूकने के बाद फिर से चलना शुरू हुई। सभी चुपचाप बैठे हुए थे, बिल्कुल ऐसा नहीं लग रहा था कि यहाँ पर कुछ समय पहले, ऐसी भयावह घटना घटी है। स्टेशन पर जब ट्रेन रूकी थी तो कुछ लोगों ने खाना भी खरीदा तो कुछ ने चाय भी पी, मुझे यह एहसास हो गया कि 'पराये तो पराये' ही होते हैं, किसी के दुख से किसी को क्या फर्क पड़ता है। मैं मन ही मन बहुत दुखी था और उस घटना को बार–बार अपने मन में 'रिमाइन्ड' कर रहा था और उसके बारे में सोच रहा था कि 'जाना था कहीं पर कहाँ चला गया।' ट्रेन उस वक्त बहुत स्पीड में थी, मैं इस बारे में कुछ भी अंदाजा नहीं लगा सकता। लेकिन उस समय भी मैं 'भगवान भोले नाथ' से उसके प्राणों की रक्षा के लिए प्रार्थना कर रहा था और आज भी उसकी रक्षा के लिए प्रार्थना करता हूँ।

लोग छोटी–छोटी बातों पर एक–दूसरे की जान ले लेते हैं, यह मैंने उस दिन से पहले केवल सुना था पर उस दिन देख भी लिया और

लोगों की जान हमेशा दूसरे की वजह से ही जाती है– 'अगर वह मोटा, बदशक्ल आदमी, यह नहीं बोलता कि इनको ट्रेन से बाहर फेंक दो तो शायद उसके दिमाग में यह आइडिया नहीं आता, अब वह मोटा आराम से सो रहा था, अब उसे कोई 'डिस्टर्ब' करने वाला नहीं था। क्या आप को यह गलत नहीं लगता कि कोई किसी की जान इतनी आसानी से ले ले और उसका कुछ भी न हो..... और वह अगले स्टेशन पर भाग जाये। मेरे हिसाब से तो रिजर्वेशन बोगी की तरह हर बोगी को जाने–आने का रास्ता होना चाहिए और जी.आर.पी.एफ. की राउण्ड केवल रिजर्वेशन में नहीं बल्कि सारे बोगी में होनी चाहिए, खासकर जनरल बोगी में, क्योंकि अक्सर जानें जनरल बोगी से ही ली जाती हैं और ट्रेन में कर रही ड्यूटी, जी.आर.पी.एफ. रिजर्वेशन में आराम फरमाती है। मुझे उस लड़की से मिले तकरीबन छःसात घण्टे हो चुके थे और इतना सब कुछ लेकिन मैं उसका नाम छोड़ कर बहुत कुछ जान चुका था, लेकिन अब उसका नाम जानने का वक्त भी आ गया था। मैं बहुत परेशान और दुखी मन से बैठा था, वह मेरी भावनाओं को समझ रही थी और शायद मेरा मूड अच्छा करने के लिए मुझसे बातें करना शुरू किया। इस दौरान जब मैंने उससे यह सवाल किया कि – "आपका नाम क्या हैं?" तो वह भी बोल पड़ी – "अच्छा ...... अब नाम जानने का वक्त आ गया है" और मेरे इस प्रश्न पर हंसने लगी। मैं भी मुस्कराया और जवाब दिया– "नहीं ऐसी कोई बात नहीं हैं, वह तो नाम पूछना याद नहीं रहा।"

"नाम में क्या रखा हैं?" ऐसा कुछ हमनें बड़बड़ाया।

"आशला" नाम है मेरा, उसने जवाब दिया।

"आशला"– मैंने उसका नाम दूहराते हुए मुस्कराया।

"क्यों क्या हुआ?" उसने मुझसे पूछा।

मैं बोला – "कुछ नहीं"– "आशला" के आगे क्या हैं?

फिर उसने अपना पूरा नाम ''आशला खातुन'' बताया।

मैंने बड़े प्यार से उसका नाम अपने मन में दोहराया और हमेशा के लिए याद कर लिया। आशीष, राहुल और सुमित आराम से, परेशानी में सो रहे थे। वह मेरा मूड ठीक करना चाहती थी और मेरे चेहरे की परेशानी को दूर भगाना चाहती थी, जिसमें वह कामयाब हुई और अपनी बातों में मुझे उलझा लिया तथा पता ही नहीं चला कि कब सवेरा हो गया।

सच कहूँ तो शाम कब हो गयी थी, यह भी पता नहीं चला था पर ये मुझे पता चल चुका था कि मेरा दिल अब मेरा नहीं रहा, यह तो 'आशला' के नाम से धड़कने लगा था और मैं अपने आप को बहुत खुश नसीब समझ रहा था कि मुझे आशला मिली। मेरा पूरा समय उसको देखने में चला गया और वह मेरे करीब आती रही। हम दोनों एक–दूसरे को बहुत अच्छे से जानने लगे। मैं कभी नहीं चाहता था कि दिल्ली आये; बस 'यूँ ही जिंदगी ट्रेन में बीत जाये', मैं ऐसा सोचने लगा पर दिल्ली को तो आना ही था। पिछले रात चुंबन से ज्यादा हम दोनों के बीच कुछ नहीं हो सका था लेकिन उसके कंधे पर सर रखना, उसके होठों को प्यार से देखना, सब कुछ आज भी ताजा लगता है पर ये बात बहुत पुरानी है और वह शाम फिर ना आने वाली है।

8

सुबह का सफर

ट्रेन अब दिल्ली के करीब आ चुकी थी, लेकिन जनरल बोगी में भीड़ कम होने का नाम नहीं ले रही थी। सभी बहुत परेशान थे, मुझे ऐसा लग रहा था पर मैं बिल्कुल भी परेशान नहीं था लेकिन जब ट्रेन अगले स्टेशन पर रूकी तो मेरी परेशानी बढ़ गयी। ट्रेन स्टेशन पर पहुंचने वाली थी लेकिन ट्रेन से ज्यादा तेज गति में प्लेटफार्म पर प्रतिक्षा कर रहे लोग दौड़ रहे थे, अंदर वाले लोगों ने स्टेशन पर भीड़ देखकर दरवाजा बंद कर दिया। क्योंकि लोगों को दरवाजा बंद करने की आदत पुरानी थी और ये लोग पीछे भी कई बार दरवाजा बंद कर चुके थे। ट्रेन स्टेशन पर खड़ी हुई, सभी चिल्लाने लगे ''अबे! दरवाजा खोलो.... अबे! दरवाजा खोलो।'' सभी अनसुना कर रहे थे। तब तक एक आदमी इमरजेंसी खिड़की पर आकर दरवाजा खोलने के लिए बोला। वहाँ खिड़की के पास बैठा आदमी, उसको वहाँ से भागने के लिये बोला और कुछ तीखे स्वर भी बोले लेकिन उसे यह नहीं पता था कि वह स्टेशन 'हापुड़' था और यहाँ के लोग लड़ायी करने में मशहूर माने जाते हैं और वो भी सिर्फ अपने ही इलाके में। तभी तो खिड़की के पास बैठा आदमी, उसको एक–दो तीखे स्वर क्या बोला, बाहर वाले ने – ''तेरी माँ का '' .... ''तेरी बहन का'' सब कुछ कर डाला और उसके गाल पर एक चमाट लगा दिया। अब वह भी जोश में आ गया

और उसको अंदर से ही घूशा मार दिया। जब उसने फिर से मारने की कोशिश की तब अंदर बैठे आदमी ने उसका हाथ पकड़ लिया और अंदर की तरफ खींचने लगा और उसका हाथ मोड़ने लगा। अब देखते ही देखते बाहर बहुत बड़ी भीड़ इकट्ठा हो गयी और वे सभी उसके साथ थे और 'दिल्ली' काम पर जाने के लिए निकले थे। सभी ने बाहर से चिल्लाना शुरू किया और गालियाँ देने लगे। तो वह कुछ डर गया और उसका हाथ छोड़ दिया। तब तक एक लड़का दूसरी जगह की इमरजेंसी खिड़की खुलवा कर अंदर आ गया और दरवाजा खोल दिया। अब सारे एक ही बोगी में चले आये। अंदर जरा सी भी जगह नहीं थी लेकिन एक दूसरे के ऊपर पैर रखकर उस खिड़की वाले आदमी के पास पहुँच गये। वह उनको देखकर तुरंत खड़ा हो गया और हाथा–पायी करने के लिये तैयार हो गया।

"अबे! दरवाजा क्यों नहीं खोल रहा था।" उनमें से एक ने बोला तो दूसरे ने बोला– "उसका हाथ क्यों मोड़ रहा था ...." तथा उसका गालियों से स्वागत किया और मारना शुरू किये। वह बेचारा अकेला क्या करता? बुरी तरह मारने के बाद उसको उसके सीट से उठा कर नीचे बैठा दिये और उनका एक आदमी वहाँ बैठ गया। फिर उसके ऊपर उसकी गोद में एक और आदमी बैठ गया और उनको देखकर सभी सीट पर बैठे लोगों के गोद में बैठने लगे। कुछ तो चुपचाप सीट छोड़कर खड़े हो गये तो कुछ बरदाश्त करते रहे। ऐसे कर के वे सभी को खड़ा कर दिये और खुद आराम से बैठ गये। आप सोच सकते हैं कि उनको एक–दो घंटे का सफर करना था तो वे खड़े नहीं हो सकते थे। लेकिन जिसको पूरी रात खड़ा होना पड़ा, उनकी क्या दशा हुई होगी? वे सभी शोर मचाते रहे और सिगरेट पीते रहे।

पूरी ट्रेन सिगरेट की धुएं से भरी हुई थी और बदबू कर रही थी। साँस लेने में लोगों को दिक्कत हो रही थी लेकिन कोई कुछ नहीं बोल रहा था। सभी उनसे डरे हुए थे। तब तक आशला ने मुसीबत खड़ी कर दी।

वह तेज आवाज में बोली– ''भईया! सिगरेट मत पीओ''..... ''यहाँ ट्रेन में सिगरेट पीना मना है।''

अब आशला की बात सुनकर एक लड़के ने अपनी जेब से सिगरेट की डिब्बी निकाली और चार सिगरेट जलाया तथा अपने दोस्तों को दी। मैं समझ गया अब मुश्किल और बढ़ने वाली है, मैं आशला को शांत रहने के लिये बोला। वह मेरी बात मान गयी और समझ गयी कि ये मना करने पर मानने वाले नहीं हैं। वह चुपचाप बैठी थी और वह लड़का उसकी तरफ इशारा करके भद्दी –भद्दी बातें बोल रहा था। मुझसे बरदाश्त तो नहीं हो रहा था लेकिन मैं किसी तरह अपने आप को कंट्रोल किया हुआ था। लेकिन लोग सच कहते हैं– कि जब पास में लड़की हो तो गुस्सा बहुत आती है और कंट्रोल नहीं होता। उस लड़के ने उसकी तरफ देखकर आँख मारी, अब मैं अपने आप को रोक नहीं सका और खड़ा होकर चिल्लाना शुरू किया– ''अपने आप को मर्द समझते हो।''

''जरा यहाँ से बाहर निकल कर देखो तो समझ में आयेगा।''

''जरा हिम्मत है तो हमारी तरफ आकर ऐसा करो।''

मैंने एक साथ बहुत सारी बातें बोल दी। वह भी झगड़ा करने के लिये उतावला हो गया। मैंने भी आगे–पीछे कुछ नहीं सोचा और लड़ाई करने के लिए तैयार हो गया, मुझे जरा सा भी डर नहीं लगा कि उस आदमी की तरह मैं भी मार खा जाऊँगा। आशीष, राहुल और सुमित मुझे समझाने लगे और चुप रहने की सलाह दी। वे सब डर रहे थे कि कहीं मैं मार न खा जाऊँ। मुझे भी पता था कि हम चार लोग उनका कुछ नहीं कर सकते थे लेकिन फिर भी डर नहीं लग रहा था, शायद वो सब 'आशला' की निगाहों का कमाल था। पता नहीं उनके मूड में क्या आया, वे सब झगड़ा करने के बजाय उसे चुपकराने लगे और आशला की तरफ भद्दे इशारें करने से मना किये। वह इसके बाद सिगरेट पे सिगरेट पीए जा रहा था लेकिन इशारें नहीं कर रहा था।

वे सारे दैत्य की तरह हंसते और शोर मचाते तथा सिगरेट के धुएं का छल्ला बनाते। उनका व्यवहार देखकर चिड़चिड़ापन हो जाता था लेकिन हम कर भी क्या सकते थे? मूड बिल्कुल खराब था लेकिन जब ट्रेन पुरानी दिल्ली पहुंची तब खुशी से दिल झूम उठा। वह अब जगह आ गया था, जहाँ हम लोग आना चाहते थे लेकिन आशला से दूर होने का थोड़ा गम भी था और डर भी था कि उससे दुबारा मुलाकात होगी भी या नहीं।

मैंने उसके घर का पूरा पता एक कागज पर लिख लिया। वह मयूर विहार में अपने माता–पिता के साथ रहती थी और पढ़ाई करती थी। मुझे अंदर से विश्वास हो रहा था कि 'वह मुझे यूं भूला नहीं सकती है' लेकिन उससे बिछड़ने का डर बना हुआ था। ट्रेन से मैं, आशीष, सुमीत, राहुल और वह बाहर निकले तथा स्टेशन पर खड़े ऑटो रिक्शे के पास गये। मेरा चेहरा उतरा हुआ था तथा रोआँसा जैसा शक्ल बनाए हुए था। वह मुझे ध्यान से देखी और जोर–जोर से हंसने लगी। मैं समझ नहीं पाया कि ऐसा क्या हो गया कि अचानक राहुल, आशीष और सुमित भी हंसने लगे।

"रो क्यों रहे हो?" उसने पूछा।

"नहीं, मैं कहाँ रो रहा हूँ।" मैं हल्का सा मुस्कराते हुए बोला।

"अरे पागल! ऐसी शक्ल मत बनाओं कि मैं तुम्हें छोड़कर जा ना सकूँ" वह भावुक होते हुए बोली। इतना सुनकर मेरा मूड अच्छा हो गया और दिल को यकीन कि वह मुझे फिर मिलेगी। मैंने अपना पर्स निकाला और पर्स से, उस कागज के टुकड़े को, जिस पर मैंने उसका पता नोट किया था। "क्यों, क्या हुआ?" उसने मुझसे हैरान होकर पूछा।

"कुछ नहीं, मैं बस ये सोच रहा हूँ कि किस दिन इस पते पर आकर तुम्हारे घर का चक्कर लगाऊँ", "मेरा मतलब, मुझे इस पते पर आकर पूछना होगा, आशला कहाँ है तथा मैं उससे मिलना चाहता हूँ

और तुम्हारे पापा मेरा स्वागत् करेंगे।''

वह समझ गयी कि मैं परेशान क्यों हूँ।

वह मुस्करायी और अपने घर के 'बेसिक' फोन का नंबर दिया।

''अरे! मैं कितनी पागल हूँ?'' वह बड़बडायी।

''क्यों, क्या हुआ''? मैंने दबी आवाज में पूछा।

कुछ नहीं, मैं ये पूछना तो भूल ही गयी कि तुम कहाँ जाओंगे।''

मैं अपनी जुबान संभालते हुए बोला– ''सुमित ...... के भईया के पास जायेगें।'' ''वह नोएडा में रहते हैं।''

मैं उससे झूठ बोला था कि यहाँ पर हम लोग पढ़ाई के साथ नौकरी करने के लिए आये हैं।

''बाय! बाय!'' बोलते हुए वह ऑटो रिक्शे में बैठी और अपने घर के लिये चली गयी।

मैंने उससे ट्रेन में जितनी भी बातें की थी उनमें से 40 प्रतिशत ही सही था और बाकी सब फेक था और वह लपेटती जा रही थी। पर उसे क्या पता कि हम चारों कानपुर के 'लेबर चौक' से दिल्ली के 'लेबर चौक' पर काम करने के लिए आये थे। वास्तव में हम चारों 'लेबर चौक' के लायक नहीं थे पर वक्त ने हमें यहाँ तक पहुँचा दिया था। लेकिन जो भी था सब ठीक था। हम लोगों को इस बात की परवाह नहीं थी। वक्त के साथ हम लोग खुश थे।

आशला ऑटो रिक्शे से चली·गयी और हम लोग पैदल रोड पर आये और बस ली। ना तो हम लोगों को पता था कि कहाँ जाना है और ना ही कोई ठिकाना था। बस चलते जा रहे थे। बस में टिकट भी नहीं लिये और दिल्ली की सैर कर रहे थे, वह भी फ्री में। मुझे फ्री की चीज बहुत अच्छी लगती हैं और मैं 'फ्री' की चीजों का फ्री माइन्ड से आनन्द ले रहा था। बस चलती रही और हम लोग दिल्ली की

सड़कों पर घूमते रहे। बस आगे चलकर एक 'रेड लाइट' पर रूकी। वहाँ से 10–20 कदम पर बहुत सारे लोग इकट्ठा थे, मैं समझ गया कि यह कोई 'लेबर चौक' है। हम लोग जल्दी–जल्दी वहीं पर नीचे उतर गये और वहाँ गये।

उस दिन हम लोग काम नहीं चाहते थे लेकिन रात में, कहाँ रूकना है? कहाँ खाना है? के प्रश्नों का जवाब ढूँढ़ना था। हम लोग –'कहाँ काम करना है?' का जवाब तो कानपुर में ही ढूंढ़ लिया था, वह – 'एक ऐसी जगह जो दुनिया बनाती है।' यानी 'लेबर चौक' था।

हम लोगों के लिए शहर नया था और अभी कहीं काम पर भी नहीं लगे थे कि वहाँ बन रही बिल्डिंग में अपने रहने का अड्डा बना ले, इस वजह से हम लोगों को एक ठेकेदार का सहारा लेना पड़ा। वह आशीष की जान–पहचान का था।

आशीष के पास उसका फोन नम्बर था, जिस पर हम लोगों ने फोन किया और उससे काम मांगा। वह दो घण्टे में वहाँ आया और हम लोगों को अपने साथ ले गया और रास्तें में चाय–पानी भी कराया। एक गाइड की तरह दिल्ली कि सड़कों का भ्रमण कराया। हम लोग दिल्ली का बहुत नाम सुने थे पर गली–मोहल्ले, धूल–धक्कड़ वाले रास्तों से गुजरने के बाद मन कुछ नरम सा हो गया, क्योंकि जैसा सुना था वैसा नहीं लगा। आधे घण्टे पैदल चलने के बाद वह हम लोगों को आधी बनी हुई बिल्डिंग में ले गया और नहाने, फ्रेश होने और रहने की जगह दिखायी। मैं जगह के बारे में ज्याद कुछ नहीं लिखूँगा क्योकि आप पहले ही अंदाजा लगा चुके होगें। वहाँ बगल में कुछ रोड के किनारे झोपड़ी बनी हुई थी, जिसमें भीख मांगने वाले भिखारी रह रहे थे और आपस में उस वक्त भी लड़ाई कर रहे थे और उनको जब भी मैंने नोटिस किया आपस में झगड़ते ही पाया। "मैं ज्यादा कुछ नहीं बस एक जिंदगी तथा अपने इस महान देश की समस्याओं का आईना रख रहा हूँ।"

9

गर्स्टिन बैस्चन रोड

कुछ भी कहो, हम लोग 'दिल्ली' पहुंच कर बहुत खुश थे और पूरी 'दिल्ली' घुमना चाहते थे। मुझसे ज्यादा राहुल, सुमित और आशीष 'दिल्ली' घुमने को इच्छुक थे। हम लोग फ्रेश होकर तैयार हो गये और ये घुमने वाली इच्छा एक–दूसरे को बतायी। ठेकेदार भी हम लोगों के वार्तालाप में शामिल हुआ और पूछा – ''क्या, कहीं जाने की प्लानिंग हो रही है?'' मैंने जवाब दिया – ''हाँ सोच तो रहे हैं।''

''इसमें इतना सोचने की क्या जरूरत है?'' – ठेकेदार बोला।

''चलों मैं भी चलता हूँ।''

''पर .... कहाँ?'' मैं रूकते हुए बोला।

तब तक आशीष बोला – ''गर्स्टिन बैस्चन रोड''

'' 'जी.बी.' रोड'' ...... मैं जरा जोर देकर बोला।

''हाँ, क्या हुआ?'' – आशीष

''बहुत अच्छी जगह है।'' तारीफ करते हुए बोला।

''नाम तो बहुत सुना है, पर देखा नहीं है।'' ''केवल फिल्मों में ही ऐसा देखा है।''– मैंने सहमति जताते हुए कहा।

''हाँ'', ''तो चलते हैं और आज रीयल में देखेंगे'' – राहुल बोला। ''हाँ'', ''क्यों नहीं'' – सुमित ने भी ज्यादा दिलचस्पी, राहुल की तरह दिखायी।

अब हम चारों वहाँ घुमने के लिए बेताब हो रहे थे और हम लोगों से ज्यादा ठेकेदार।

थोड़ी ही देर में हम लोग वहाँ के लिए निकल पड़े। फिर ऑटो लिया और मेट्रो स्टेशन पहुंचे। वैसे तो हम लोगों को कुछ समझ में नहीं आ रहा था कि–किधर से किधर ठेकेदार ले जा रहा था लेकिन गाइड की तरह रास्ता भी बता रहा था और हम लोग बड़े ही ध्यान से सुन रहे थे लेकिन जब मेट्रो स्टेशन पहुंचे और वहाँ के आते–जाते लोगों को देखा तो एक ही झलक में पूरी दिल्ली दिख गयी। खासतौर पर हमारी निगाहें उन जींस वाली लड़कियों पर ज्यादा होती थी। जींस से बढ़ कर उनका स्टाइलिस्ट लुक बहुत ही आकर्षित कर रहा था और उनका चेहरा, जिस पर लिपस्टिक लगा हुआ होंठ और हल्का–हल्का मेकअप तथा हल्की सी आँखों में काजल और भौहें तीर की कमान की तरह, दिल पे वार कर रहीं थी। पर यहाँ घायल होने के सिवाय कुछ नहीं होना था। किसी को देखने के लिये उनके पास इतना टाइम नहीं था। सभी इधर से उधर अपने काम से भाग रहे थे, हमारी तरह उनके पास फालतू का समय नहीं था। कभी इधर तो कभी उधर, कभी जींस वाली तो कभी हाई हिल, शर्ट–पैंट वाली को देखते–देखते हम लोग मेट्रो प्लेटफार्म पर पहुँचे और मेट्रो का सफर शुरू किया। लगभग 50 मिनट बाद, हम लोग चांदनी चौक मेट्रो स्टेशन पर पहुंचे और स्टेशन से बाहर आये तथा उन सुहानी गलियों की तरफ चल पड़े। कुछ देर के पैदल सफर के बाद हम लोग 'गर्स्टिन बैस्चन रोड' पर पहुंच गये। हम लोगो को उस रोड पर चलने में शर्म आ रही थी, पर वह रोड लोगों के आवाजाई से भरा हुआ था। हम लोग इधर–उधर देखते हुए आगे बढ़ रहे थे और रोड की साइड पर बनी बिल्डिंगों को देख रहे थे। कुछ दूर चलने के बाद एक बिल्डिंग के झरोखे से कुछ सुंदर लड़कियाँ हम

लोगों को बुला रही थीं–

"ओय चिकने!.... ओय चिकने!......"

"इधर आ"

"उधर कहाँ जा रहा है।" फ्लाइंग किस देते हुए।

उनको देखकर मन में गुदगुदी होने लगी और हम लोग एक–दूसरे को देखकर मुस्कराने लगे।

शर्म तो आ रही थी पर उससे ज्यादा मजा आ रहा था। "क्या सोच रहे हो? चलो ऊपर चलते हैं।" ठेकेदार ने कहा।

"चलो"– हम लोगों ने रजामंदी जतायी।

बिल्डिंग के किनारे से एक पतली सी सीढ़ी ऊपर गयी थी, हम लोग भी ऊपर पहुंच गये। ठेकेदार को इन सब चीजों का 'एक्सपीरियंस' था। वह आगे–आगे था तथा हम लोग उसके पीछे–पीछे। अंदर हाल में पहुंचते ही कुछ लड़कियाँ आयी और हम लोगों का हाथ पकड़ लिया। इस तरह मेरा भी हाथ एक लड़की पकड़े हुई थी और मुस्कराती हुई बोल रही थी– "ओय चिकने!" "तू मेरे साथ चल।"

"हाँ, आप के ही साथ चलूंगा" मैंने विनम्रता से, सम्मान के साथ जवाब दिया। इतने में उन चारों ने अपनी–अपनी सेटिंग कर ली और ऊपर उनके कमरे में जाने के लिए सीढ़ियों पर चढ़ने लगे। मैं भी जल्दी से मौका देखकर उनके पीछे भागा– कि कहीं मैं अकेला न रह जाऊँ। वे सब आगे–आगे और लड़कियाँ उनके पीछे–पीछे ऊपर सीढ़ी चढ़ रहीं थी। मैं जैसे ही सीढ़ी पर पहुँचा, मेरी वाली तुरंत मेरे पास आयी और मेरा हाथ पकड़ते हुए बोली "ओय! उधर कहाँ जा रहा है?" "इधर आ", "मेरा कमरा इधर है।" उसकी वह जानलेवा अदा और मुस्कान देखकर मैं फिदा हो गया और मैं भी अनायास हंसने लगा। उनकी लड़कियों में से सबसे पीछे वाली लड़की मुस्कराती हुई बोली–

''उधर जा'', ''वह उधर रहती है।'' तथा मेरा भोला पन देखकर हंसने लगी।

वाकई वह पल बहुत सुहाना और चकाचौंध था, वहाँ हाल का जो नजारा था, वह देखने लायक था। फिल्मी दुनिया से भी कहीं ज्यादा रोमांस, मदहोश करने वाली लड़कियों की अदायें थी। हाल में चेयर लगी हुई थी, कुछ गोद में बिठा कर रोमांस कर रहे थे। कुछ गले में तो, कुछ कमर में हाथ डालकर बदन की गर्मी से माहौल गर्म कर रहे थे। हाल की रंग–बिरंगी लाइट और हाल के अंदर की चहल–पहल रोमांस को बढ़ावा दे रहे थे। उस वक्त कोई भी वहाँ के रंग में रंगने से बच नहीं सकता था। मेरा हाथ पकड़े, वह मुझे एक छोटे से कमरे में ले गयी और दरवाजे की कुण्डी लगा दी।

दरवाजे की कुण्डी बंद होते ही मेरे कानों से बाहर का शोर–ग़ुल अब सन्नाटे में बदल गया और मेरा पूरा ध्यान उसके ऊपर लग गया। मैं उसको ध्यान से देख रहा था और आगे की प्रक्रिया सोच कर हंस रहा था। ''क्यों, क्या हुआ?'' उसने मुस्कराते हुए पूछा।

''आओ'' अपनी दोनों बाहें मेरी तरफ करते हुए।

मैं और हंसने लगा तथा हसंते–हंसते पूछा– ''पहले यह बताओ कितने रूपये लोगी?''

''250 रूपये''–उसने जवाब दिया।

मैंने इसके बारे में थोड़ा सा सुना था कि ऐसी लड़कियाँ जल्दी–जल्दी निपटाने के चक्कर में थोड़ा परेशान करती हैं– तो मैं बोल पड़ा– ''प्लीज, आप मुझे परेशान मत करना।''

''वह जोर–जोर से हंसने लगी।''

''ओय चिकने! तू कितना भोला है रे''– मुस्कराते हुए बोली।

मुझे नहीं पता था कि वह मुझ पर फिदा थी, लेकिन उसकी

मुस्कान और जानलेवा अदायें मुझे सब कुछ बता रही थीं। मैं अपनी जेब से 250 रूपये निकाला और उसको दे दिये। उसने रूपये एक सुरक्षित जगह पर रख दिए और बोली– ''चल आ जा।''

मैं भी अब उसकी तरफ आकर्षित हो रहा था। वह साड़ी पहनी हुई थी तथा मेकअप पूरा था। उसका होठ मुझे उसके करीब ले जा रहा था। मैं अब ज्यादा उतावला होने लगा। वह मुझे रोकते हुए – ''पहले अपने को सुरक्षित तो कर लो।''

''मैं अपने आप को सुरक्षित किया तथा उसके होठों से चिपक गया। एक लम्बा चुम्बन करने के बाद मुझे अपने होठों से दूर करते हुए – ''ओ हो ......।''

''सारा मेकअप खराब कर दिया।'' फिर मुस्करायी और बेड पर जाते हुए – ''चलों ऊपर आ जाओ।'' मैं भी ऊपर गया और 250 रूपये वापस लेने उसके बाहों में चला गया। वह बड़े प्यार से मुझे, 250 रूपये में अपना प्यार दे कर हिसाब चुक्ता किया। मैं जिस तरह उसके बाहों में कैद था मानों वह मेरी सब कुछ है और मैं उसका ही हूँ। उस पल और उस प्यार को मैं कलम से बया नहीं कर सकता। लेकिन मैं सिर्फ दस मिनट का कैदी था, होठों की लिपस्टिक खराब करने के बाद मैं उसके बाहों से बाहर निकला। वह मुझे बड़े प्यार से देख रही थी और पता नहीं क्या सोच कर हंस रही थी। वह चाहे जो कारण रही हो पर उसकी हंसी आज भी मेरे दिल में उसके प्यार का पैमाना छलका देती है। वह मेरे पास आकर बैठी और अपने हाथों से मेरे होठ पर लगी लिपस्टिक को साफ किया, फिर अपनी साड़ी सवांरने लगी। मैं जल्दी–जल्दी तैयार हो कर कमरे से बाहर निकलने के लिए आगे बढ़ा।

''अरे, इतनी भी क्या जल्दी है?'' ''रूको अभी।''– उसने बोला।

''वे मेरे साथी बाहर इंतजार कर रहे होंगे।'' – मैंने बोला।

''कोई नहीं।'' अभी रूको मैं भी चलती हूँ।

उसने अपनी साड़ी ठीक की और मुझे, साड़ी को कंधे पर लगाने के लिए पिन दिया। मैंने भी उसका सहयोग किया और वह पिन उसके बताये हुए जगह पर लगा दिया। फिर वह मुझे अपने दोनों बाहो में पकड़ ली और सामने लगी शीशे में देखी, मैं भी शीशे में देखा। मुझे उसका चेहरा मायूस दिखायी दिया। उसके चेहरे से लग रहा था कि वह मुझे जाने नहीं देना चाहती है। मैं मुस्करातें हुए बोला – ''क्या हुआ?''

''कुछ नहीं।''

''अब कब आओगे?'' उसने पूछा।

''जल्दी आऊंगा।'' – मैंने बड़े प्यार से जवाब दिया।

फिर उसने मेरे गाल पर एक चुम्मा दिया और दरवाजे की कुण्डी खोली। मैं बाहर निकला और वह मेरे पीछे खड़ी मुझे देख रही थी। मैं एक बार उसे मुड़ कर देखा और मुस्कराया। वह भी मुस्करायी और हाथ हिला कर ''बाय'' किया। मुझे भी उससे लगाव हो गया था, मन तो कर रहा था कि उसे भी अपने साथ ले जाऊँ पर, ऐसा संभव नहीं था।

10

गर्स्टिन बैस्चन रोड और महान लोग

मैं उसके ख्यालों में खोया और उसके प्यार तथा उसका मायूस चेहरा याद करते हुए सीढ़ी से नीचे उतर रहा था। अभी दो–तीन सीढ़ी ही नीचे उतर पाया था, तभी एक लड़की वहीं, कहीं से आयी और मुझे पीछे से पकड़ लिया। मुझे इसका अंदाजा नहीं था, मैं कैसे–कैसे अपने आप को संभाला और उसे भी, नहीं तो दोनों सीढ़ी से नीचे गिर जाते। वह मुझे पकड़ कर चिल्लाने लगी – "चलो, मेरे साथ चलो।"

"चलो, मेरे साथ चलो।"

"पच्चास रूपये ही दे देना।"

उसके इस तरह के व्यवहार से मैं थोड़ा गुस्सा हो गया और मैं भी चिल्लाने लगा – "अबे! पहले मुझे छोड़।"

वह और तेज–तेज चिल्लाने लगी और गिड़गिड़ाने लगी– "पच्चीस रूपये ही दे देना।"

मैं और आगबबूला हो गया – "अबे। तू छोड़ती है कि नहीं।"

"मैंने दो दिन से खाना नहीं खाया है।"

"कोई ग्राहक मेरे पास नहीं आता।"

''अब मेरे पास पैसे भी नहीं है।'' ''प्लीज मेरे साथ चलो।''

इतना सुनकर मेरा दिल बैठ गया और मैं बिल्कुल शांत हो गया। वह गिड़गिड़ाती रही। मैं उसका चेहरा देखने लगा। वह बहुत ही खराब थी, उसका रंग काला था लेकिन उसकी आँखे मासूम थी। उसकी आंखे दया के लायक और चेहरा मायूस था। पर मैं उसके लिए क्या कर सकता था? मैं बहुत दुखी हो गया और उसको चुप कराया–

''हाँ, मैं चलूँगा तुम्हारे साथ।''

''हाँ, मैं चलूँगा।'' उसे दिलासा दी।

वह यह सुनकर बहुत खुश हो गयी और उसके चेहरे पर जरा सी मुस्कान आ गयी। फिर उसनें मुझे छोड़ दिया। मैंने राहत की सांस ली और अपने जेब से 200 रूपये निकाल कर उसे दे दिये। उसने ये रूपये तुरंत ले लिए और बहुत खुश होकर दोनों सौ के नोटों को देखने लगी। मानो वर्षों से कभी दो सौ रूपये देखे ही नहीं थे। फिर वह मेरा हाथ पकड़कर खींचने लगी – ''चलो'' ''ऊपर आओ।''

''नहीं, मैं अभी यहीं से लौट रहा था।'' बड़े विनम्र भाव से बोला। वह मेरी बात मान गयी और मेरा हाथ छोड़ दिया।

दोनों हाथ जोड़कर – ''भगवान आप का भला करे।'' मुझे बोली। मैं उसके इस व्यवहार को देखकर बहुत भावुक हो गया और बोल पड़ा– ''नहीं–नहीं सब ठीक है।'' तथा उसके हाथ पकड़कर नीचे कर दिये। उसकी खुशी देखकर मेरी रूह खिल गयी। वह वापस चली गयी और मैं नीचे उतरने लगा। मैं ऐसी जगह आकर थोड़ा हीन भाव महसूस कर रहा था लेकिन इस घटना ने मुझे थोड़ी खुशी दे दी और मेरे अंदर की इस हीन भावना को खत्म कर दिया तथा मैं मानता हूँ, यहाँ या ऐसी जगह जाने वाले लोग गलत नहीं हैं। क्योंकि अगर कोई यहाँ आयेगा नहीं तो ये भूख से मर जायेंगी और इनमें एक खास बात हैं, ये लोग अपना गम छिपा कर झूठी मुस्कान देकर हमारे जीवन को

रंगीन बनाती हैं। इतना ही नहीं इनका समाज सेवा में बहुत ही बड़ा हाथ है।

लगभग हर छोटे–बड़े शहर में ऐसी जगह होती है, जहाँ भारी संख्या में लड़कियाँ होती हैं और लोग उनके पास जाते हैं तथा अपनी प्यास बुझाते है। 'प्यास बुझाना' कहना इतना उचित नहीं होगा, यहाँ लोग अपनी जरूरत को पूरा करने आते हैं, मेरा मतलब जो जैसा होता है, उसी नीयत से यहाँ आता है।

हमारे समाज में बहुत ठरकी लोग भी हैं जो यहाँ आकर अपना शौक पूरा करते हैं। जरा सोचिये ऐसी व्यवस्था वैध या अवैध रूप से हर बड़े–छोटे शहर में है फिर भी ऐसे ठरकी पड़े हैं जो बलात्कार जैसी घिनौनी हरकत करते हैं। सीधी–सीधी लड़कियों को अपना शिकार बनाते हैं। अगर ऐसी जगह नहीं होती तो क्या होता? लड़कियों का रास्ते चलना दुश्वार हो जाता। बलात्कार की संख्या बढ़ जाती, लेकिन इनकी वजह से बहुत सारे ठरकी अपना ठरकपन इनके साथ पूरा करते हैं और वे बहुत सारी सीधी–साधी लड़कियाँ उन से बच जाती हैं। इस वजह से इनको घृणा की नजर से नहीं देखना चाहिए बल्कि सम्मान की दृष्टि से देखना चाहिए और उन सभी लड़कियों को धन्यवाद देना चाहिए जिनकी वजह से हमारी माँ, बहन, बेटी थोड़ी सुरक्षित हैं।

कुछ लोग अपनी रात रंगीन बनाने यहाँ आते हैं और इसके बदले उनको चन्द रूपया दे जाते हैं, तो कुछ अपनी तन्हाई दूर करने इनके पास आते हैं। इन लड़कियों से ज्यादा तन्हा कौन होता है? ये आप को भी पता है लेकिन वाकई ये आपकी तन्हाई दूर करती हैं, जिनके जीवन में खुशियाँ ही नहीं वह आप को कुछ पल के लिए खुश करती हैं। मुझे इन लड़कियों में यह महान कला दिखाई देती है। सबको पता है – 'एक डॉक्टर ही बीमारी ठीक करता है तथा एक खुश इंसान ही किसी को खुशी दे सकता है', पर यहाँ बिल्कुल उल्टा है – 'एक बीमार–'डॉक्टर' है, जो तरह–तरह के ठरकी, हताश, फ्रस्टेटेड लोगों

का इलाज करता है और एक नाखुश इंसान सब को खुशी देता है। कुछ लोगों का मानना है कि यहाँ लड़कियाँ पैसे के लिए आती हैं और बहुत पैसा कमाती हैं पर वाकई मेरे समझ से इन लड़कियों को पैसे की जरूरत नहीं ले आती बल्कि समाज की जरूरत को पूरा करने के लिए लायी जाती हैं। इनका जीवन तो जेल में बंद कैदी से भी खराब है। जो जेल में बंद हैं, उनके पास में अपना तो कोई नहीं बल्कि दूर तो होता है और वे एक दिन उनसे मिलने की उम्मीद रखते हैं पर इनकी कोई उम्मीद नहीं। माँ–बाप, भाई–बहन सभी होंगे पर पता नहीं कहाँ और कभी भी शायद फिर ना मिले। ऐसी सजा किस गुनाह की मिली यह कह पाना मुश्किल होगा पर इनको यहाँ से आजाद कराना मुश्किल नहीं।

हर पार्टी, हर नेता, हमारी सरकार हमारे विषय में सोचती है, हमें बहुत सारी सुविधाएँ देने के लिए पहल करती हैं पर क्या कोई इनके लिए सोचता है, इनको आजाद कराने के लिए सोचता है? नहीं, पर क्यो? क्या वह इन्सान नहीं हैं? वह भी हमारे ही समाज की हैं। सभी जानते हैं कि ये लड़कियाँ कहीं न कहीं से जबरदस्ती उठा कर लायी जाती हैं, तो क्यों नहीं इनको हमारी सरकार मुक्त कराती है? ऐसे जगहों पर कानून बनना चाहिए कि अगर जिसकी मर्जी हो वह रहे और जिसकी नहीं उसे जाने दिया जाए। इनको भी वोट देने का हक तथा सारी सरकारी व्यवस्थाओं को मुहैया करायी जानी चाहिए और जितनी भी लड़कियाँ ऐसी जगहों पर रहती हैं इनका रिकार्ड सरकार के पास होना चाहिए। इतना ही नहीं, इनकों जो हक प्रदान है, वह उनसे हमेशा से कोसों दूर हैं, ये गुलाम हैं, कैद हैं, जब कि एक आजाद देश में हैं।

***

मैं रोड पर आया तो देखा सभी कुछ दूरी पर मेरा इंतजार कर रहे थे। इनकी समस्या के बारे में सोच कर मेरा मूड खराब था पर मैंने उनको एक प्यारा सा मुस्कान दिया और हम सभी मेट्रो स्टेशन के लिए निकले। पूरे रास्ते भर बंद कमरे में जो–जो हम सबने किया था एक दूसरे को बताया तथा मेट्रो के अंदर भी यही वार्तालाप चल रही थी। अगल–बगल खड़े यात्री भी हम लोगों की बातें कान लगाकर सुन रहे थे और उनको यकीन हो गया होगा कि हम सभी वहीं से आ रहे हैं। बातों–बातों में हम लोगों का मेट्रो स्टेशन आ गया और हम लोग स्टेशन से बाहर निकले तथा कमरे पर गये। उस दिन देर रात तक इसी टॉपिक पर बातें चली।

11

जायज या नाजायज औलाद

देर रात तक जगे रहने की वजह से सुबह हम लोग जल्दी नहीं उठ पाये तथा काम पर जाने की भी इच्छा नहीं थी, इस वजह से फिर मैं सो गया। वैसे भी मैं बड़ी मुश्किल से नौ बजे जगा था लेकिन सभी को सोता देख, मुझे भी नींद आ गयी और मैं गहरी नींद में सो गया।

लगभग 11 बजे तक हम लोग सोते रहे और बिल्डिंग से दूर झोपड़ी में हो रहे शोर–ग़ुल की वजह से नींद टूट गयी। मैं बाहर के नजारें का आनंद लेने आँख मसलता हुआ बाहर आया और एक लम्बी जमाही ली। तब तक गुझे जोर से चिल्लाने की आवाज सुनाई दी। वह आवाज एक छोटे से लड़के की थी। वह जोर–जोर से चिल्ला रहा था और अपनी भाषा में अपनी माँ को गाली दे रहा था तथा एक आदमी जो उनकी ही तरह मैले–कूचैले, गंदे कपड़े पहने था और चेहरे से प्रतीत हो रहा था कि लगभग एक साल से उसने स्नान नहीं किया है– अपनी गोद में उस लड़के को लिए झोपड़ी से बाहर आया और उस औरत को जोर–जोर से गाली देने लगा। उसकी माँ भी उसे गाली दे रही थी और उसने हाथ में एक जलती हुई लकड़ी ली थी, जिसे वह बार–बार उसकी तरफ दिखाती और बोलती–

''आ मेरे पास तो तुमको भी जलाती हूँ।''

''चार बच्चें पैदा कर दिया है, इनको मैं कहाँ से खिलाऊँ।''

''सिर्फ इनको दिखाने पर लोग भीख नहीं देते हैं।''

''तो इसको जलाना तो पड़ेगा न, तभी तो इसका जला पैर देखकर लोग पैसे देंगे।''

''मैं माँग कर लाती हूँ तो तू खाता है।''

''बेशर्म'', ''बेहूदा'' तो उसकी गाली मे था ही नहीं, वह उसे बहुत ही गंदी–गंदी गालियाँ दे रही थी। वह भी उसे बहुत गंदी–गंदी गालियाँ दे रहा था। वे दोनों आपस में झगड़ रहे थे और गालियाँ दे रहे थे। वह बार–बार उसे कहती – ''तू आ मेरे पास तो तुमको भी जलाती हूँ।'' लेकिन वह उससे ज्यादा दूर नहीं था और कभी–कभी उसे मारने के लिये जाता पर उसे वह नहीं जलाती। वह सिर्फ उसे जलाने के लिये बोलती, लेकिन इस बीच उसने कई बार उस लड़के के जले पैर को और जलाया। क्योंकि वह आदमी उसे जलाने नहीं दे रहा था तो उसका पैर अच्छी तरह जल नहीं पाया था कि लोग इसे देखकर दुखी हों और कुछ पैसे दें। इस वजह से वह बार–बार प्रयास कर रही थी और आखिरी तक उस लड़के का पैर अच्छी तरह जला ही डाली।

वह लड़का जोर–जोर से चिल्ला रहा था और गाली दे रहा था। इससे ज्यादा वह कर भी क्या सकता था? उसे तो अपनी माँ का ए. टी.एम. जो बनना था। उसकी माँ उसे जबरदस्ती ए.टी.एम. मशीन बना रही थी। इन बच्चों की क्या किस्मत है जो–इनका जला पैर खुद का पेट तथा इनके मां–बाप का पेट पालती है। इनकी संख्या दिन दूनी, रात चौगुनी बढ़ती जा रही है। इनके मां–बाप अपना खुद का पेट तो पाल नहीं सकते तो बच्चों की परवरिश क्या करेंगे? इनकी जिंदगी समझौतों से चलती है, किसी से शादी–विवाह की जरूरत नहीं। भूख

लगी समझौता कर लिया, पेट की बात आयी तो बच्चों के साथ समझौता कर लिया। बली इनके बच्चों को चढ़ना पड़ता है। माँ वह है जो इनको जन्म देती है, बाप वह होता है जो इनकी परवरिश करता है पर इनके नसीब में माँ तो है पर बाप नहीं। आपने भी देखा होगा कि केवल औरतों के साथ ही तीन–चार बच्चें इनके पीछे–पीछे घूमते हैं। वह जहाँ भी जाती है, वे उनके पीछे–पीछे जाते हैं। इनको ऐसा करने से समझा पाना मुश्किल है लेकिन हम ऐसे बच्चों को पैसे देकर सहयोग करें तो शायद ये जलने से बच जाये और शायद इनमें समझ आये और ये अपनी जिंदगी दूसरे ढ़ंग से जिऐं। वैसे मेरा मानना है कि हमारे कमाये हुए पैसे पर इनका भी कुछ हक है जिसे हम अपनी स्वेच्छा से दान में देते हैं। क्योंकि हमारा देश एक परिवार है और हम इसके सदस्य हैं तथा ये लोग भी हमारे देश का एक हिस्सा हैं। जिस तरह हमारे कमाये हुए धन पर हमारे माता–पिता, भाई–बहन का अधिकार होता है और हम अपने पैसे इन पर खर्च करते हैं उसी तरह हमारे कमाये हुए धन पर कुछ दान–पुण्य तथा अध्यात्म का भी अधिकार होता है जिसे हमे अपनी स्वेच्छा से देना चाहिए।

12

पहली दहाड़ी और किन्नर से यारी

रात में प्लानिंग हो चुकी थी कि हम लोग ठेकेदार के चल रहे साइटों में से 'भंगेल' से कुछ दूरी पर स्थित साइट पर काम करेंगे। क्योकि यह साइट हम लोगों के ठहरने के स्थान से कुछ ही दूरी पर था। अगली सुबह जल्दी–जल्दी हम चारों ठेकेदार के साथ काम पर गये तथा उसने हम लोगों को काम बताया और अपनी दूसरी साइट देखने चला गया। अब हम लोगों के पास लगभग सब कुछ था जो कि दूर से आये हुए शहर में लोगों की जरूरत होती है जैसे– रहने का स्थान, कमाने के लिए काम। वैसे तो मैं अपने रहने के स्थान के बारे में बता ही चुका हूँ तथा काम ठीक–ठाक था पर पैसा आधा था। कम्पनी से एक लेबर की दहाड़ी 250 रूपये ठेकेदार को मिलती थी और उससे हम लोगों का 150 रूपये में डील था। हम लोग मजबूर थे, इसलिये इतने कम पैसे में काम करने के लिये तैयार हो गये। ये अजीब बात है, खून–पसीना बहाये हम (लेबर) और केवल सेटिंग होने की वजह से ठेकेदार हम जैसों का शोषण करते हैं। कम्पनी वाले भी अपना हेडेक कम करने के लिए ठेकेदारों को 'कॉन्ट्रैक्ट' दे देते हैं कि

कोई भी समस्या आये सीधा बोल सके– "जाओ अपने ठेकेदार से बात करो।"

***

हम लोगों का 'दिल्ली' आने का मक्सद कुछ और था पर समय के सही होने तक यहाँ पर रूकना था। हम चारों साथ–साथ मिलकर किसी भी काम को आसानी से करते। पर मुझे हर काम भारी लगता था। मैं किसी भी काम को अकेले नहीं कर पाता। क्योंकि इससे पहले मैं कभी भी ऐसा काम नहीं किया था। अगर राहुल, सुमित और अशीष नहीं होते तो मैं 150 रूपये के भी लायक नहीं था। इनको मन लगा कर काम करते देख, मैं भी करने की कोशिश करता और धीरे–धीरे आसान होने लगा। हम लेबरों का काम बहुत मेहनत का होता है लेकिन औरतें भी कम नहीं हैं। उस समय, तेज धूप सबकी हालत खराब कर रही थी और सभी पसीने से लथपथ थे लेकिन मैं पसीने में लथपथ और काम कर रही औरतों को देखकर उस चिलचिलाती धूप में भी राहत की सांस लेता और उनका भींगा वदन मेरी रूह को ठंड पहुंचाता।

मैं काम करते–करते, धीरे–धीरे उन औरतों के पास चला गया जोकि कुछ ही दूरी पर काम कर रही थीं। मुझे देखकर राहुल, आशीष और सुमित भी मेरे पास आ गये और वे भी मजे लेने लगे। एक लकड़ी का बड़ा सा टुकड़ा पड़ा हुआ था, जिसे हम चारों किनारे करने की कोशिश कर रहे थे पर वह बहुत ही भारी था, अगर एक–दो लोग और मिल जाते तो उसे आसानी से किनारे किया जा सकता था। लेकिन हम चारों ने ठान लिया था कि इसको किनारे कर के ही छोड़ेगे। हम लोग बार–बार ताकत लगाते पर नाकाम हो जाते। सारी औरते हम लोगों को देख रही थीं और उनको देखकर हम लोग और भी ज्यादा जोश में आकर ताकत लगाते पर कुछ भी नहीं होता। हम लोगों को परेशान देखकर उन औरतों के बीच से एक औरत आयी और लकड़ी के तरफ इशारा करते हुए बोली – "मैं तो इसे अकेले उठा कर रख

दूंगी'' और अपने हाथों को अजीब ढ़ंग से कर के इशारा किया। हम लोगों का संदेह खत्म हो गया कि वह औरत नहीं 'किन्नर' है और उसके इस अंदाज से तथा उसको हम लोगों की तरफ आते देख, आने वाली फीलिंग को सोचकर हम लोग हंसने लगे, वह भी हम लोगों को हँसता देख, हंसने लगा और एक ही झटके में हम लोगों ने उस लकड़ी के टुकड़े को किनारे कर दिया। इस तरह अब हम लोगों की जान पहचान हो चुकी थी।

''तुम लोग नये हो?'' उसने पूछा।

''हाँ'', ''आज पहला दिन है।''– मैंने बोला।

इस तरह वह धीरे–धीरे सवाल पे सवाल करता गया और पहचान बढ़ती रही। हम लोगों ने उसके विषय में पूछा तो उसने अपनी कहानी बतायी। इस तरह हम लोग काम कम और उसकी बातें ज्यादा सुनते। वह एक गरीब परिवार से था तथा उसकी वजह से उसके माता–पिता शहर मे चले आये थे। वह जब पैदा हुआ तो एक सामान्य लड़के की तरह नहीं था, इस वजह से उसके माता–पिता बहुत परेशान थे। किसी तरह इस बात को उन्होंने समाज से छिपा कर रखा तथा उनकी जिंदगी चल रही थी और उसकी धीरे–धीरे परवरिश हो रही थी। पर एक साल बाद वह सच्चाई दुनिया के सामने आ ही गयी। लगभग एक साल का समय बीतने के बाद 'किन्नरों' की टोली उसके घर आ गयी। वह उस समय बाहर खेल रहा था। उन्होंने उसे अपने गोद में लिया और उसे खिलाने लगे। इस तरह प्रायः ये लोग बच्चों के 'अन्दरुनी' जगह पर देखते हैं तथा बच्चे को दुआ देते हैं और कुछ पैसों की मांग करते हैं। जब तक इनको कुछ मिलता नहीं ये वहीं डटे रहते हैं। लेकिन जब उन्होंने देखा की यह बच्चा सामान्य नहीं है तो उनकी खुशी का ठिकाना नही रहा, वे बच्चे को अपने साथ ले जाने के लिए जिद्द करने लगे तथा बहुत सारा धन मांगने लगे। उनका कहना था कि इस पैसों से वे उसकी परवरिश करेंगे। एक तो भगवान ने ऐसी कमी कर दी जिसका दुख तो था ही फिर भी उस बच्चे के साथ माँ

का प्यार और बाप का आशीर्वाद था, जिसे ये लोग छीनने चले आये थे। इनका तो यही धन्धा है कि अपनी तरह लड़को को अपने साथ ले जायेंगे तथा उनके परिवार वालों से मिले धन को खर्च करेगें। पर किसी कीमत पर उसके माँ–बाप, उसे उनके साथ नहीं जाने देना चाहते थे। भगवान ने उनके पुत्र में कमी तो कर दी थी पर वे अपने पुत्र में कोई कमी नहीं करना चाहते थे। इस तरह उसके माँ–बाप अपने जिद्द पर आ गये और उन लोगों को वहाँ से जाने के लिए बोले। लेकिन वह भी पीछे हटने वाले नहीं थे। वहीं पर उन लोगों ने अपना तमाशा शुरू किया और भीड़ बढ़ती गयी। उनके अजीबोगरीब आवाज तथा उनके गीत से भीड़ इकट्ठी होती चली गयी और इस तरह यह बात हवा की तरह फैलती गयी। वे लोग कुछ घण्टों तक ऐसे ही तमाशा करते रहे पर अंत में जब उनको लगा कि बात ऐसे नहीं बनने वाली है तो उन लोगों ने अपने एक साथी को भेजकर अपना पूरा गैंग बुलवा लिया। अब ना तो क़ोई उनको कुछ बोलने वाला था और ना ही वे किसी की कुछ सुनने वाले थे। वे तमाशा करते रहे और हंगामा बढ़ता गया। उसके माता–पिता अपने आप को हारता देखकर पीछे के दरवाजे से भागने का प्लान बनाने लगे और मौका देखकर उसे लेकर भाग गये। घर के और सदस्यों ने उनके भागने में मदद की और पुलिस को बुलवाया। पुलिस उनकी संख्या देखकर ज्यादा कुछ तो नहीं कर पायी लेकिन उनको इस तरह हंगामा करने से रोकने की कोशिश किये। पर वे कहाँ मानने वाले थे, उनकी जिद्द और बढ़ गयी तथा वह पुलिस वालो से हाथा–पायी के लिए तैयार हो गये और पुलिस को अभद्र शब्दों से सम्बोधित करने लगे तथा मौका देख कर उसके घर में घुस गये। अंदर चारों तरफ उसको ढूंढ़ने के बाद जब वह नहीं मिला तो उन लोगों ने पुलिस वालो पर हमला बोल दिया और उनको मारना शुरू किया। उनकी संख्या बढ़ती गयी। पुलिस ने इस तरह गंभीर परिस्थिति को देखते हुए फोर्स बुलवायी, आखिरी में वे शांत हो गये और उसके माता–पिता उसे लेकर 'दिल्ली' भाग आये। धीरे–धीरे समय बितता गया और 'मामला' शांत होता गया। इस तरह

वह आज बड़ा हो गया है और मेहनत कर के पैसे कमाता है और अपने बूढ़े माँ–बाप का सहारा है। आज उसे कोई भी समस्या नहीं है, वह अपना जीवन अच्छे से तथा गर्व से सर उठा कर जी रहा है। उनकी तरह नहीं कि वे सिर्फ मांगे हुए पैसों से अय्याशी करे। यह कितना अजीब है न, अगर आप की आंखे नहीं है या पैर नहीं है या किसी भी शारीरिक अंग में खराबी है, तो क्या आप जीना छोड़ देते हैं या आपके माता–पिता आपका साथ छोड़ देते हैं और न ही कोई आप को अपने साथ ले जाने की जिद्द करता है तो फिर यदि किसी को भगवान ने अंदरुनी अंग नहीं दिया तो उसे क्या मांग कर ही खाना चाहिए? मेहनत नहीं करनी चाहिए। मानों कि ऐसे लोग किसी को शारीरिक प्यार नहीं दे सकते पर समाज की सेवा निस्वार्थ तो कर ही सकते हैं तथा अपने मां–बाप के बूढ़ापे का सहारा बन सकते हैं। मेरे तरीके से उनको अपनी दुनिया बनाने की कोई जरूरत नहीं है, वह जहाँ पैदा होते हैं, वहीं सही हैं और ना ही किसी 'किन्नरों' के टोली को कोई हक है कि उसके माँ–बाप तथा उसे, उसके समाज से दूर करे। ऐसे लोगों को सोचना चाहिए कि हमने पिछले जन्म में ऐसी कौन सी गलती की, जिसके वजह से मुझ में यह कमी आयी और फिर अगले जन्म को अच्छा बनाने के लिए इस जन्म में अच्छे काम करने चाहिए। लेकिन ऐसा नहीं है। किन्नरों की टोली उन बच्चों को ले जाती है तथा उन्हें अपनी तरह बना देती है। जैसा कि केवल अय्याशी करना और लोगों से अपनी स्थिति को बता कर पैसे लेना और मना करने पर जबरदस्ती भी करना। कुछ लोग तो इनके समाज को बहुत पसंद करते हैं और शौक से अपना अंदरुनी अंग कटवा कर इनके समाज में शामिल हो जाते हैं और अपने माँ–बाप के बुढ़ापे का सहारा बनने के बजाय अपने समाज को धोखा देते हैं।

***

लेकिन वह ऐसा बिल्कुल नहीं था, वह मेहनती और सिद्धांतवादी था। वह सामान्य नहीं था तो इसमें भगवान को दोष नहीं देता बल्कि

इसका फायदा उठाता, जैसे कि औरतों–पुरूषों में कोई भेद भाव न समझना, सबका सहयोग करना तथा समाज में हो रहे किसी भी गलत काम की खिलाफत करना। वह अपने ताकत का सही उपयोग करता था– जहाँ भी किसी के साथ गलत होता देखता, उसकी मदद को हाजिर हो जाता। उसकी ही तरह अच्छी सोच रखने वाले और भी बहुत लोग हैं जो आज समाज की निस्वार्थ सेवा कर रहे हैं और राजनीति में भी उनकी पहचान बढ़ रही है तथा वे काम भी अच्छा कर रहे हैं। मैं ऐसे लोगों को दिल से धन्यवाद देता हूँ और उन लोगों से मेरी बिनती है कि इस तरह किसी लड़के को उसके माँ–बाप से तथा उसके समाज से अलग करने की कोशिश ना करे तथा मांगने से अच्छा है, आप एक अलग पहचान बनाये और अपनी शक्ति का अच्छे जगहों पर उपयोग करे।

***

उसने अपनी समस्या के साथ–साथ उनके समाज के बारे में बहुत सारी बातें बतायी। जब वह बड़ा हो गया तो उनके साथ एक दो बार उनके अड्डे पर गया था। वहाँ पर सभी इसी तरह के लोग होते हैं और कुछ तो अपनी मर्जी से उनकी तरह बन कर वहाँ पर थे और कुछ को उन्होंने अपनी तरह बना दिया था। लोग सच ही कहते हैं– कि 'इनसे यारी और इनकी दुश्मनी' दोनों ही खतरनाक होती है। क्योंकि एक आदमी था, जो बहुत ही अय्याश मीज़ाज का था। उसको इनके संग समय बिताना अच्छा लगता था। वह रात में अक्सर ऐसे लोगों के पास होता और उनके साथ समय व्यतीत करता। धीरे–धीरे उसकी पहचान बढ़ती गयी और उनके अड्डे पर आने जाने लगा और वहीं पर रातें गुजारता तथा उनके संग अय्याशी करता। उसकी जिंदगी ऐसे ही कट रही थी। वह इस जिंदगी से बहुत खुश था और उनको खुश करने की कोशिश करता। पर शायद उसको यह नहीं पता था कि उनकी खुशी केवल उनके ही तरह लोगों में होती है। यह समाज उनकों अपने–आप को कोषने पर मजबूर कर देता है लेकिन

फिर भी सब अच्छा चल रहा था। उसने ऐसा सोचा भी नहीं होगा जो उसके साथ हुआ। वह उसके खुश चेहरे को देखकर, उसे बहुत खुश समझता था।

***

वह किन्नर उसको भी अपनी तरह बनाना चाहता था। एक रात जब वह उसके साथ था तो उस ने उसके अंदरूनी अंग को काट डाला और इस तरह वह जोर–जोर से दर्द से चिल्लाने लगा, खून बहता ही जा रहा था, वहाँ सभी इस घटना से बहुत खुश थे। उसके जोर–जोर चिल्लाने की आवाज पर वे और जोर–जोर ठहाके लगाते। वह दर्द से इधर–उधर भागता, वे उतना ही खुश होते। वह जितना चिल्लाता, उतनी तेज उनके ठहाके होते। वह 'किन्नर' (जो हम लोगों को मिला था) उनके सामने तो उसकी मदद नहीं कर सकता, पर जब वह वहाँ से भागा तो वह भी उसके पीछे–पीछे निकल लिया और देखा कि वह कुछ दूर जा कर बेहोश हो गया था, फिर जल्दी–जल्दी उसे लेकर डॉक्टर के पास गया और इलाज करवाया। इस तरह वह बड़ी ही मुश्किल से बच पाया। इस घटना को देखकर उसका मन और दुखी हो गया और वह हमेशा–हमेशा के लिए ऐसी दुनिया से दूर चला आया। उसने मेहनत और समाज सेवा का रास्ता चुना। उनकी तरह नहीं कि लोगों से पैसे मांगे और मना करने पर उसे जलील और जबरदस्ती भी करे। जैसा कि आय दिन ये लोग ट्रेनों में करते हैं।

***

उसनें हम लोगों को ऐसी–ऐसी बातें बतायी कि आप को यह सुनकर आश्चर्य होगा। ये लोग पैसे का सदुपयोग कम, दुरूपयोग ज्यादा करते हैं और इनकी राजनीतिक दल से सांठ–गांठ होती है और ये अपने पैसे राजनीति में 'इन्वेस्ट' भी करते हैं। इसीलिए कोई इनके अत्याचार को बदलना भी नहीं चाहता है। इन सब का कारण उसने आम जनता को बताया। उसका कहना बिल्कुल सही है– कि

अगर हम किसी गुण्डे को हफ्ता देते हैं तो वह और किसी क्षेत्र के गुण्डों से हमे बचाता है पर ये तो, ना ही गुण्डें हैं और ना ही आम लोग। तो आखिर हम इनको पैसे क्यो देते हैं। अगर इनको पैसे दे भी तो क्यों? चलो हम इनको पैसे देंगे पर इनको भी तो अपना फर्ज समझना चाहिए। अगर ये समाज से पैसे लेते हैं तो समाज को कुछ देना भी चाहिए। जैसा कि हम सभी जानते हैं, आज कल राजनीति एक पैसा कमाने का जरिया बन चुका है। हर कोई राजनीति में आना चाहता है और समाज का विकास बाद में, अपना पहले करना चाहता हैं। यह एक धनवान होने का सरल माध्यम की तरह हो गया है। गाँव के प्रधान से लेकर प्रधानमंत्री तक की सोच एक जैसी है, सभी का मक्सद पैसे बनाना है। हमारा समाज गुण्ड़ों से कम, मंत्रियों से ज्यादा डरता है। क्योंकि यही लोग तो बाहुबली हैं। इनसे बड़ा कौन है? ये सभी राजनीति से अपनी जेबे, अपनी संतानों के लिए भरते हैं तो क्या ये लोग इस तरह के लोगों से समाज को बचा नहीं सकते। इनको जरूरत है राजनीति में आने की और इनका भरण–पोषण अगर समाज के पैसो से चलता है तो समाज के लिए कुछ करना चाहिए। यकिनन आप लोगों पर सारा देश विश्वास करेगा और आप का समाज के सिवाय कोई है भी तो नहीं, तो किसके लिए इतने पैसे इकट्‌ठा करते हैं। क्या अपने पैसे राजनीतिक दलों में इनवेस्ट करके इनके ही तरह और भ्रष्ट लोगों को पैदा करने के लिए या किसी और मक्सद से।

मेरा मानना है कि आप लोगों को राजनीति में आना चाहिए और देश के लिए, समाज के लिए कुछ करना चाहिए। अगर हमारी जनता आप को पैसे देती है तो इसके बदले आप लोगों को भी जनता की सेवा करनी चाहिए। कुछ लोग इस बात को समझते हैं और समाज सेवा भी कर रहे हैं। उनका मक्सद जेब भरना नहीं, जनता की सेवा करना है तथा वे जेब भरे भी तो किसके लिए? इस तरह हमारा समाज उनको सम्मान देता है और वे जनता को विकास तथा उन्नति देते हैं।

***

कुछ जगहों पर हमारा समाज इनको स्वीकार नहीं करता और उनकों अपनी एक अलग दुनिया बनाने के लिए मजबूर करता है। लेकिन ऐसा क्यो? उसने अपने आप को नहीं बनाया है, भगवान ने जैसा बनाया है, वह वैसा है। अगर प्रश्न करना है तो भगवान से करो, उनसे नहीं। हम सबकी तरह वह भी हैं तो उनकी दुनिया अलग क्यों? हमारे समाज को भी यह समझना चाहिए और इनको सम्मान देना चाहिए। नहीं तो नतीजा साफ है जो आप लोगों को देखने के लिये मिलता है। एक दिन ऐसा भी आयेगा कि इससे भी बुरी स्थिति देखने को मिलेगी।

अगर भगवान हमारे अंदर किसी तरह की कमी कर देते हैं जैसा कि आँख, नाक, कान, पैर इत्यादि का ना होना तो क्या हमारा समाज हमको सम्मान नहीं देता? क्या हम अपनी दुनिया अलग बनाते हैं, नहीं, तो इनके इस कमी के लिए ऐसा क्यों? हमें इनको भी सम्मान की दृष्टि से देखना चाहिए।

इस तरह उसके इस महान विचार से मैं बहुत प्रेरित हुआ और हम लोग उसके और करीब आ गये तथा एक अच्छे दोस्त भी बन गये। इसके साथ ही साथ उन काम कर रही औरतों के भी करीब पहुंच गये और उनमें भी अच्छी जान पहचान हो गयी और हम लोगों का एक ग्रुप बन गया तथा काम भी आसानी से हंसी–मजाक के साथ हो जाता था।

13

आशीष की मक्कारी पड़ी सब पर भारी

दिन–रात का कुछ भी पता नहीं चलता था, हम लोग आराम से मौज–मस्ती के साथ किसी भी काम को करते थे। इसकी वजह थी, वे औरतें जो हम लोगों के साथ हमेशा काम करतीं थीं। उनकी वजह से काम में इतना मन लगता था कि मैं तो कभी नहीं चाहता था कि काम से छुट्टी हो। बस ऐसे ही काम चलता रहे। दिन में तो थोड़ा काम करने में मन नहीं लगता था। क्योंकि कड़ी धूप और गर्म हवायें तथा पसीने से लथपथ शरीर की वजह से काम करने मे परेशानी होती थी, पर रात में ऐसा कुछ भी नहीं था। हम लोग आराम से काम करते। काम कम लेकिन उन औरतों से बातें ज्यादा करते। मजाक–मजाक में उनकों टच करने की कोशिश बनी रहती थी।

इस तरह एक औरत थी– 'पुष्पा', जिससे मेरा बहुत बनता था। वह मुझसे बहुत मजाक करती और हमेशा मेरे आस–पास ही रहती थी। वह देखने में बहुत सुन्दर थी–रंग गोरा, वदन–कसा हुआ तथा उसके पोर–पोर में नशीली अदा थीं। मैं उसको बहुत पसन्द करता था। इसका मतलब कुछ और नहीं वह मुझे बहुत अच्छी लगती थी। मैं हमेशा उसकी ताक में लगा रहता था। वह इतनी नादान तो नहीं

थी, वह भी सबकुछ समझ रहीं थी, पर अक्सर ऐसी बहुत ही कम औरतें होती हैं जो पहले कुछ करे, वह हमेशा 'पहल' सामने वाले से ही चाहती हैं। लेकिन मैं तो आज भी ऐसा ही हूँ कि हमेशा 'पहल' उनकी ही तरफ से चाहता हूँ। इसी लिए आज भी मेरी पहले वाली ही स्थिति है।

मैं जब भी उसको ताकता आशीष भी मेरे आस–पास होता पर मुझे यह उमीद नहीं थी जैसा कि हुआ। मैं उसको हमेशा ऐसी अदा से देखता कि उसको मेरे प्यार का एहसास हो, इस तरह मैं तो कभी अन्दाजा नहीं लगा पाया कि आशीष के मन में क्या चला रहा है। मैं हमेशा उसके खुबसूरती की तारीफ आशीष से किया करता था, वह भी बड़े ध्यान से सुनता और इस तरह प्रतिक्रिया नहीं करता कि उसके मन में भी कुछ चल रहा है। पर जो होना था, वह तो हो गया।

* * *

अगले दिन हम सभी साथ–साथ काम किये तथा काम लगभग पूरा हो चुका था और उसमें बस थोड़े मजदूरों का काम बचा हुआ था। काम को जल्दी खत्म करना था तो ठेकेदार ने हम लोगों को तथा और दस लोगों को नाईट ड्यूटी पर लगा दिया। मैं तो बहुत खुश था कि चलों और थोड़ा समय इनके साथ रहने के लिए मिलेगा। वे लोग रात में काम लगने पर थोड़ा दुखी थीं। लेकिन काम जल्दी खत्म करना था तो वे ठेकेदार की बात मान गयी। मुझसे ज्यादा आशीष, राहुल और सुमित खुश थे। इस तरह हम लोग ने मन लगाकर काम किया ताकि काम जल्दी खत्म हो जाये और जल्दी सोने के लिए जा सके। हम लोग बीना आराम किये जल्दी–जल्दी काम कर रहे थे, जिससे कि नींद भी ना आये और काम भी जल्दी खत्म हो जाये। लेकिन आशीष हर एक घण्टे बाद आराम करता और मुझसे कहता–

"यार अजीत।" "बहुत तेज नींद आ रही हैं।" मैं उससे बोलता–"चल आ जा, काम करेगा तो नींद भाग जायेगी।"

वह थोड़ा आराम कर के पुनः काम पर आ जाता था लेकिन अब काम लगभग खत्म होने वाला था, एक से डेढ़ घण्टे का काम और बचा हुआ था, तब तक वह बेचैन हो गया और बार–बार कहने लगा ''यार! बहुत तेज नींद आ रही हैं।''

मैं बार–बार उसको काम खत्म करने के लिए बुलाता पर वह नहीं माना और बोला–''अब मुझसे नींद बर्दास्त नहीं हो रही है।'' ''मैं सोने जा रहा हूँ।'' ''कोई साहेब चेकिंग पर आये तो आ के जगा देना।'' मैं क्या करता? मैं भी उसे जाने दिया और बोला– ''जा, काम खत्म होते ही जगाने आऊँगा।'' ''इस समय तो कोई नहीं आयेगा।''

वह भी सहमति जताया– ''हां, कोई नहीं आयेगा।'' ''ठीक है– जगा देना।'' बोल कर वह सोने चला गया। हम लोग काम करते रहे और जल्दी काम खत्म होने का इन्तजार करते रहे। दो घण्टे बाद वह समय आ गया, जब काम पूरा खत्म हो चुका था। इस तरह हम लोग कमरे पर जाने की तैयारी करने लगे, तब तक मुझे याद आया, आशीष वहीं पर किसी कोने में सो रहा है, उसे जगाना भी है। मैं सुमित और राहुल से बोला–''तुम लोग रूको, मैं उसे बुला कर लाता हूँ।''

''हां ठीक है।'' ''जाओ।'' उन दोनों ने जवाब दिया। मैं बन रही बिल्डिंग के कोनों को ढूँढ़ने लगा कि आशीष मुझे कही सोता हुआ मिल जाय। मैं ऊपर–नीचे चारों तरफ ढूँढ़ लिया, वह कहीं नहीं मिला। अब मुझे चिन्ता होने लगी कि वह कहां चला गया। मैं थोड़ा डर भी गया और डरते–डरते उसे इधर–उधर ढूँढ़ता तथा धीमे आवाज में डर–डर कर ''आशीष'', ''आशीष।'' आवाज लगाता। पर कहीं से जवाब नहीं आता। अब मैं थोड़ डर गया था और अभी राहुल और सुमित को बुलाने के लिए सोच ही रहा था कि मुझे छत पर कुछ गिरने की आवाज सुनायी दी और मैं अनायास ऊपर की सीढ़ियों पर चढ़ने लगा और छत पर चढ़ गया।

मैं बहुत डरा हुआ था और धीरे–धीरे ऊपर चढ़ रहा था तथा इधर–उधर आशीष को ढूंढ़ रहा था। मैं बिल्कुल चौकन्ना था। मुझे एक हल्की सी भी आहट अच्छी तरह से सुनाई दे सकती थी। मैंने अपनी निगाहें कभी–इधर तो कभी उधर दौड़ायीं पर कहीं भी आशीष नहीं दिखाई दिया। मैं कभी इस दीवाल के पीछे देखता तो कभी उस खम्भे के पीछे। तब तक मुझे एक हाँफते हुए आदमी की आवाज सुनाई दी जो कि एक खम्भे के पीछे से आ रही थी। वह आवाज बहुत अजीब तरीके की थी। उस अजीब आवाजा को सुनकर मैं और डर गया। मैं समझ नहीं पा रहा था कि यह किसी आदमी की आवाज है या किसी और की। मैं डर से पसीना–पसीना हो चुका था, पर हिम्मत कर के उस खम्भे के पास गया और धीरे–धीरे देखने की कोशिश की। इस तरह जब मैं खम्भे के पास गया तो देखा कि आशीष आपत्ति जनक अवस्था में उस औरत के साथ था, जिसको मैं देखा करता था। जब आशीष ने मुझे देखा तो वह देखता ही रह गया। ये सब देखकर मेरा मूड बहुत खराब हो गया और आशीष के ऊपर बहुत गुस्सा आ रहा था और उस औरत का तो मन कर रहा था कि उसके सारे बाल उखाड़ लूँ। पर मैं उस से कुछ बोला और चुपचाप खड़ा था तथा वे दोनो कपड़े पहनने में लगे थे। तब तक मुझे उनकी उस अवस्था को तथा अशीष के चोरों जैसे घबराये हुए शक्ल को देखकर हंसी आ गयी।

मैं कितना डरा हुआ था, इस बात को सोचकर मुझे और जोर–जोर से हंसी आने लगी। मुझे हंसता देखकर आशीष मुस्कराने लगा और उसके चेहरे से डर खत्म हो गया तथा उसका चेहरा बदल गया। मुझे गुस्सा तो बहुत आया पर मैं सोचा–''कौन सी वह मेरी 'गर्ल फ्रैण्ड' है। मैं भी तो यहीं चाहता हूँ पर मुझे मौका नहीं मिला। इसे मिला तो, यह इसके साथ है।'' इस तरह मेरा गुस्सा शान्त हो गया और मैं उसे जल्दी से नीचे आने के लिए बोला। वह थोड़ी देर बाद नीचे

आया तथा बिल्कुल शांत था। हम लोग कमरे पर जा रहे थे। राहुल, और सुमित ने आशीष की बातें करना शुरू की– "ये तो पूरी नींद में है। अभी इतना सोने के बाद भी इसकी नींद पूरी नहीं हुयी है।" मैं इतना सुनकर हंसने लगा और बोला – "ये नींद में नहीं है, थका हुआ है बेचारा।"

सुमित– "क्या? क्या मतलब?"– ऐसे ही बड़बड़ाया।

राहुल– "ये थका हुआ है।"

"काम तो कुछ किया ही नहीं तो थक कैसे गया?"

मैं बोला– "काम नहीं, कुछ और कर रहा था।"

मजाक करते हुए बोला।

राहुल और सुमित की आंखें खुली की खुली रह गयी और वे जानने को उतावले हो रहे थे। उनके बार–बार पूछने पर मैं उनको बताया तथा उसे दो–तीन घूसे मारते हुए पूछा – "अबे आशीष। ये सब कैसे किया?" अब वह भी समझ चुका था कि मैं नाराज नहीं हूँ। वह सारी बातें विस्तार से बताने लगा। हम लोग उसकी बातें सुनकर अफसोस करने लगे कि – "मौके का फायदा हम लोग नहीं उठा सके। आशीष की तरह हम लोग भी चाहते थे, पर ऐसा हमारी किस्मत में होना नहीं लिखा था।" इस तरह उसे जब भी मौका मिलता वह उसके साथ ऐसा करता, उसे इन सब चीजों की लत लग चुकी थी। वह काम कम रोमांस के बारे में ज्यादा सोचता रहता था। अब हम लोग भी क्या कर सकते थे? उसका पूरा सहयोग करते थे और वह एक भी मौका गवांता नहीं था। हमेशा इन सब चीजों के लिए मौके ढूंढ़ता रहता था। इस तरह वह इतना एक्सपर्ट हो चुका था कि दो मिनट में किसी भी औरत को अपना बना लेता। वह औरतों के बीच 'मशहूर' होता चला गया और उसे वहाँ काम करने वाली औरतें

पहचानने लगी तथा उसके साथ दोस्ती बढ़ती चली गयी। अब वह ज्यादा समय उनके साथ बिताता तथा काम कम, बातें ज्यादा करता। हम लोग उसे समझाते पर उसे हम लोगों की बातें समझ में नहीं आती। वह थोड़ा–बहुत काम करता पर ऐश की जिंदगी जीता।

14

आशला और चाहत

सुबह–सुबह मुझे हिचकियाँ पर हिचकियाँ आने लगी, मन बिल्कुल उदास था, रंगीन नजारा भी बेरंगीन समझ में आ रहा था। कुछ अच्छा नहीं लग रहा था। दिल को कुछ सिग्नल मिल रहा था, दिल सिग्नल ले भी रहा था पर इसका मतलब समझ में नहीं आ रहा था। मुझे इतना बुरा लग रहा था कि दिल – व्याकुल, दिमाग–बेचैन, मन – उदास था। फिर धीरे–धीरे समझ में आया "ओ...... ।" "मुझे कोई बहुत याद कर रहा है।" फिर मैं सोचने लगा, मुझे कौन याद कर सकता हैं? तो मुझे आशला याद आयी और मुझे अफसोस होने लगा कि – 'मैं इतना व्यस्त हो गया कि उसकी मुझे याद नहीं आयी। पर किसी को दिल से याद करो तो उसको जरूर पता चलता है।

मैं तुरंत फ्रेश हुआ और जल्दी–जल्दी कपड़े पहनकर उसे फोन करने गया। थोड़ी देर में मैं एक दुकान पर पहुंचा और उसका नंबर डायल किया। नंबर बिल्कुल सही था और तुरंत रिंग जाने लगी लेकिन कोई फोन नहीं उठा रहा था। मैं दुबारा फोन किया, इस बार भी किसी ने नहीं उठाया। मैं बहुत दुखी हो रहा था पर दिल को यकीन था कि जरूर कोई न कोई फोन उठायेगा। फिर मैंने तीसरी बार फोन

लगाया। रिंग जाने लगी, अभी दो–तीन बार ही रिंग बजी थी, तब तक फोन रिसीव हुआ और उधर से आवाज आयी – "हेलो कौन?"

आवाज इतना भारी था कि मैं डर गया और लड़खड़ाती आवाज में बोला–"मैं अजीत बोल रहा हूँ।"

" कौन अजीत?" उधर से आवाज आयी।

फिर मैं, भला क्या बताता कौन अजीत? मैं फिर बोला–"अंकल सुमित हैं?" मुझे जल्दी में कोई नाम भी नहीं समझ में आ रहा था तो सुमित का नाम लिया जिस से ध्यान रहे–सुमित से ही बात करने के लिये बोलना है–ऐसा नहीं कि कभी सुमित से बात करना है तो कभी किसी और से।

"नहीं, यहां कोई सुमित नहीं रहता है"– उधर से और तीखे स्वर में आवाज आयी तथा फोन काट दिया। मैं मानने वाला नहीं था और फिर से फोन किया, थोड़ी देर बाद फिर वही आदमी फोन उठाया और बोला–"हेलो कौन?" मैं यह सुनकर समझ गया कि फिर वही है और कुछ बोले बगैर फोन काट दिया। फिर मैं सोचा–'थोड़ी देर बाद अभी फोन करता हूँ।' मैं वहीं पर, दुकान के इधर–उधर घूमता रहा। समय व्यतीत नहीं हो रहा था और जितनी ही उससे बात होने में देरी हो रही थी, दिल उतनी ही बेचैन होता जा रहा था। कुछ समय बाद मैंने फिर फोन किया, घण्टी बजने लगी, मैं मन ही मन भगवान से प्रार्थना कर रहा था कि– "हे भगवान! प्लीज अबकी बार आशला फोन उठाये।" मैं प्रार्थना करने में लगा था कि उधर से दो–तीन बार आवाज आयी–"हेलो कौन?" "हेलो कौन बोल रहा हैं?"

आवाज लड़की की तरह थी–बिल्कुल पतली और मीठी। मैं सुनकर घबराने लगा और मेरे मन में लड्डू फूटने लगे। मुझे कुछ समझ में नहीं आ रहा था, कि क्या बोलूँ?

उधर से एक–दो बार– ''हेलो कौन'' की आवाज आने के बाद मैं बोला–''मैं अजीत।'', ''मैं अजीत बोल रहा हूँ।''

''कौन अजीत?'' उधर से आवाज आयी।

''आप ने पहचाना नहीं?'' – मैंने बोला।

''आप को किस से बात करनी है?'' फिर प्रश्न किया।

''अरे! मैं ट्रेन वाला अजीत बोल रहा हूँ।'' ''आप पहचान नहीं रही हो?''– फिर मैंने बोला।

''नहीं, मैं नहीं पहचान रही हूँ।'' उधर से आवाज आयी। फिर मैं मायूस होकर फोन काट दिया। मुझे कुछ समझ में नहीं आ रहा था–कि वह मुझे पहचानने से क्यों इन्कार कर रही है। मैं सोचते–सोचते अपने कमरे पर पहुँच गया और बहुत परेशान था। ये सारी बातें मैं उन तीनों को बताना उचित नहीं समझा और चुपचाप उनके साथ काम पर चला गया। मेरा काम करने में मन बिल्कुल नहीं लग रहा था। मैं चुपचाप एक कोने में खड़ा था। तब तक आशीष आया और बोला–''भाई, इतना उदास क्यों हो'' ''क्या हुआ?''

मैं धीमी आवाज में बोला – ''कुछ नहीं यार, बस मूड खराब है।'' इतने में राहुल और सुमित भी आ गये। ''क्यों, क्या हुआ?'' ''तुम दोनों यहां क्या कर रहे हो?'' आशीष बोला– ''कुछ नहीं यार।'' ''जनाब का मूड बहुत खराब है।'' ''उदास और कोना पकड़ कर खड़ा है।'' ''पूछ रहा हूँ तो कुछ बता भी नहीं रहा है।'' अब तीनों मिल कर जिद्द करने लगे तथा ज़ानने के लिए मुझे परेशान करने लगे। अन्त में मैंने सारी बातें बतायी कि मेरा मूड खराब क्यों हैं।

आशीष, राहुल और सुमित तीनो हंसने लगे और मजाक उड़ाने लगे कि इतनी सी छोटी बात के लिए मैं इतना परेशान हूँ। अब मुझे गुस्सा आने लगा कि उधर आशला मुझे पहचानने से इंकार कर रही

थी और इधर ये मजे ले रहे हैं। मैं झल्ला कर बोला–''यार शान्त हो जाओ, मैं बहुत परेशान हूँ।'' सभी शान्त हो गये और इसके लिए कुछ सोचने लगे। तब तक सुमित बोला– ''तू कैसे बोल सकता है, आशला तुमको पहचानी नहीं?'' ''एक बार भी उसका नाम तुने लिया, नहीं, तो यह भी हो सकता है कि वे आशला के मां–बाप हों।'' सुमित की बातें मुझे अच्छी लगी और मैंने मान भी ली कि शायद वह आशला नहीं थी। राहुल बोला – ''अच्छा हुआ जो तूने उसका नाम नहीं लिया।''

''नहीं तो उनको शक हो जाता कि कोई उनकी बेटी के पीछे पड़ा है।'' यह भी बात सही थी पर आशला से बात कैसे हो इसकी मुझे टेंशन थी। तब तक आशीष बोला – ''क्यों न हम किसी लड़की को उसका दोस्त बनाकर बात करने के लिये बोले और जब वह बात करने आये तो तू बात कर लेना, इस तरह किसी को शक भी नहीं होगा और क्या सही है, क्या गलत है, सब पता चल जायेगा।''

अब मैं थोड़ा खुश हो गया और दिल को यकीन होने लगा कि आज उससे बात हो जायेगी। आशीष, हम लोगों को वहीं काम कर रही एक लड़की के पास ले गया और पूरी बात बतायी । वह लड़की ऐसा करने के लिए तैयार हो गयी और बोली – ''अभी थोड़ी देर में लंच होगा तो फोन करने चलेंगे।'' अब मैं घबराने लगा कि आखिरी रिजल्ट क्या होगा? उससे बात हो पायेगी कि नहीं। फिर मैंने सोचा, चलो जो होगा सो सामने आयेगा। मैंने आशीष से पूछा–''यह कौन हैं?'' आशीष बोला – ''यार, एक नयी दोस्त है, बड़ी मुश्किल से पटी है। आंटी तो मैं एक झटके में पटा लेता हूँ। पर इसको पटाने में छक्के छूट गये।''

मैं बोला – ''चलो आखिरी में पटा ही लिया, न।''

''यार अभी कुछ कह नहीं सकते, अभी तो पटाने का काम जारी है।''– आशीष बोला।

मैं – "चल कोई बात नहीं सफलता जरूर मिलेगी"।

थोड़ी देर बाद लन्च हो गया और हम लोग फोन करने, एक पास की दुकान पर गये। नम्बर डायल किया तो नम्बर व्यस्त बता रहा था तो फोन कट कर दिया। आशीष बोला – "क्यों, क्या हुआ?" "कुछ नहीं यार, नम्बर व्यस्त बता रहा है।" "यार तू भी छोटी–छोटी बातों से परेशान हो जाता है।" "थोड़ी देर बाद फिर फोन मिलाते हैं।" – आशीष समझाते हुए बोला। दो मिनट बाद मैंने फिर फोन लगाया, घण्टी बजने लगी। मैंने उस लड़की को फोन दे दिया और बोला– "कोई भी फोन उठाये, तो बोलना– मैं आशला की दोस्त हूँ, आप मेरी उससे बात करा दीजिये।" थोड़ी देर बाद उधर से आवाज आयी – "हेलो, कौन?'

उस लड़की ने बोला– "मुझे आशला से बात करनी है।"

फिर उधर से आवाज आयी "हां बोलिये, मैं आशला ही बोल रहीं हूँ।"

उस लड़की ने बोला–"मुझे कुछ अजीत के बारे में बात करनी थी।"

फिर उधर से आवाज आयी– "आप दिल्ली से बोल रहीं हैं?"

उस लड़की ने बोला–"हां, मैं दिल्ली से ही बोल रहीं हूँ।"

उसकी बातों से लगने लगा था कि वहीं आशला है, तो उसने फोन मुझे पकड़ा दिया।

मैं धीमी आवाज में बोला – "हाय! आशला। मैं अजीत बोल रहा हूँ।"

वह बोली – "हाय अजित! कैसे हो?"

मैं– "ठीक हूँ। तुम कैसी हो?"

वह – ''मैं तुम से बहुत नाराज हूँ।''

''इतने दिन हो गए और तुमको आज मेरी याद आयी।''

मैं – ''नहीं, मुझे तुम्हारी रोज याद आती थी पर मैं थोड़ा व्यस्त था।''

इस तरह उससे बात करके मैं बहुत खुश था और वह मुझसे ज्यादा खुश थी। हम दोनों की बातें लम्बी चलती रही और हम लोग एक–दूसरे के दिल का हाल जानते रहे। मुझे तो उसकी याद आज अचानक ही आ गयी थी पर वह रोज मेरे फोन का इंतजार करती थी और आज मैं उसको फोन कर ही दिया था। मैं उससे मिलना चाहता था और यह 'चाहत' मैंने उसको बतायी। वह तुरंत मान गयी और अगले दिन मिलने के लिए मुझे बुलायी। मैं बोला – ''कहाँ?'' तो वह बोली– ''राजीव चौक के सेंट्रल पार्क में मिलते हैं।'' अन्त में बाय बोलने से पहले उसने मुझे एक प्यारा सा किस्स दे कर फोन रखा। मेरा भी मन था कि उसे 'किस्स' दूँ पर मेरे दोस्त और वह लड़की वहीं थी, इस वजह से मैं सिर्फ 'लभ यू' बोलकर फोन रख दिया। मैंने फोन के पैसे दिये तथा लन्च का भी समय अब खत्म हो चुका था तो जल्दी–जल्दी हम लोग काम पर वापस चले आये। उस लड़की को मैंनें ''धन्यवाद'' बोला, वह मुस्कराने लगी और बोली–''कोई बात नहीं'', ''अब जाओ कल मिलकर आना तो बताना'' और मुझे उसका नाम लेकर चिढ़ाने लगी। मेरा काम तो हुआ ही आशीष का काम भी लगभग हो चुका था और उसके लिए प्यार, उसके मन में दिखने लगा था।

पहले जब उससे बात नहीं हुई थी तो मैं परेशान था और मेरा मन काम में नहीं लग रहा था लेकिन अब उससे बात हो गयी थी तो भी

मैं परेशान होने लगा कि कब समय हो और हम लोग कमरे पर जाये, उससे मिलने के लिए तैयारी जो करनी थी। लेकिन समय बीत नहीं रहा था और मैं परेशान था तथा और भी काम में मन नहीं लग रहा था। देखते–देखते समय बीत गया और हम लोग कमरे पर आये तथा मैं उससे मिलने जाने की तैयारी में जुट गया और मेरे दोस्त उसका नाम लेकर मुझे चिढ़ाते रहे तथा मेरा मजाक बनाकर मजे लेते रहे।

Planning a
(Clever)
First Date
by the Clever Coquettes

15

मेरा पहला प्यार वाला दिन

मैं सुबह जल्दी उठकर तैयार होने लगा और जो भी छोटे–मोटे काम थे, उनको जल्दी–जल्दी खत्म किया। फिर उसको फोन किया, फोन उसी ने उठाया लेकिन वह अभी नींद में थी। उस वक्त समय लगभग सुबह के सात बजे होंगे। मैंने उसको यह बोलने के लिए फोन किया था कि मैं कमरे से निकल रहा हूँ, तुम जल्दी वहाँ आ जाना। लेकिन जब उसने फोन उठाया तो बड़बड़ाने लगी– ''इतनी सुबह फोन क्यो किया? नींद खराब कर दी।''

मैं बोला – ''ये बताना था कि मैं कमरे से निकल रहा हूँ और आप जल्दी वहाँ आ जाना।''

''क्या बोल रहे हो?'' आशला

''मुझे अभी सोने दो। मैं स्कूल ना जाकर वहाँ आऊँगी।''

''कब से है स्कूल?''– मैंने पूछा।

''9:00 बजे से।'' – आशला बोली

''मैं वहाँ साढ़े दस बजे मिलूंगी।'' ''ठीक है न, अब मुझे सोने दो।'' ''बाय।'' फिर फोन रख दिया।

अब मेरा मूड खराब हो गया और मुझे अभी साढ़े तीन घंटे लगभग इंतजार करना था। मैं करता भी तो क्या? अब इंतजार करने के अलावा मेरे पास कोई विकल्प नहीं था। वैसे भी मैंने पूरी रात इंतजार किया था कि कब सुबह हो और आशला से मिल सकूँ तो इसकी तुलना में साढ़े तीन घण्टे कुछ भी नहीं थे, पर एक–एक घण्टा एक रात की तरह बीत रहा था। इसकी वजह यह थी कि मैं बिल्कुल तैयार हो चुका था और मेरे पास करने के लिए कोई काम नहीं था।

धीरे–धीरे समय बीत गया और मैं राजीव चौक एक घण्टे पहले ही पहुंच गया और सेन्ट्रल पार्क में उसका इंतजार करने लगा।

वह लगभग ग्यारह बजे वहाँ आयी। उसका इंतजार करते–करते मेरा दिमाग खराब हो चुका था पर उसको एक झलक देखते ही सब कुछ भूल गया और दिल की धड़कन तेज हो गयी। उसको दूर से आते देख मन में हजार सवाल पैदा हो रहे थे कि – मैं ट्रेन की तरह प्यार कर पाऊंगा कि नहीं? और भी बहुत सारे बेवकूफी वाले सवाल पैदा हो रहे थे। जब वह बिल्कुल मेरे पास आ गयी तो सारे सवाल–'प्रश्न चिन्ह' बन कर मेरे माथे पर चिपक गये और मैं चुपचाप खड़ा हो गया। वह मुझे नाराज समझ कर 'सॉरी' बोलने लगी कि – ''मैं लेट हो गयी और आप को बहुत इंतजार करवाया।'' मैं बोला– ''नहीं, ऐसी कोई बात नहीं है। आओ यहाँ बैठो।'' पहले से ही मैं एक पार्क का किनारा पकड़ रखा था, जहाँ से हम लोग किसी को जल्दी दिखायी ना दे सकें। वह बैठ गयी और कुछ बकवासों वाली बातें करने लगी जैसे – 'पढ़ाई–लिखाई' वाली बकवास बातें। पर मैं मना भी नहीं कर सकता था, नहीं तो वह मुझे लफंगा समझती। वैसे लड़कियाँ पढ़ाकू लड़कों को ज्यादा भाव देती हैं। तो मैं भी उसके सामने पढ़ाकू बन गया और उसकी हाँ में हाँ मिलाता रहा। इस तरह सारी बातें खत्म हो गयी

तो वह चुप हो गयी। वैसे मुझे हस्त रेखा के विषय में बहुत कम ज्ञान है पर मैं लड़कियों को रिझाने के लिए तथा उनके करीब आने के लिए हाथ देखने का काम करता हूँ। फिर उसको देखकर मैं बोला – ''लाओं मैं आप का हाथ देखता हूँ।'' वह तुरंत अपना हाथ मेरे हाथों में रख दी और बिल्कुल करीब आकर बैठ गयी और बोलने लगी– ''देखो, मेरे हाथ में पैसा है कि नहीं?'' ''नौकरी मिलेगी की नही।'' एक साथ हजार सवाल कर बैठी। जैसा कि लड़कियाँ हमेशा हाथ दिखाने में ज्याद 'दिलचस्पी' दिखाती हैं।

इस तरह मैं भी जो समझ में आया फेंकता गया और वह हाँ में हाँ मिलाती गयी। इस वजह से मैं उसको खुश करने के लिए बढ़ा–चढ़ा कर बताता चला गया और वह खुश होती रही। काफी समय तक मैं उसका हाथ पकड़े रहा तथा उसका हाथ देखता रहा। वैसे तो उसका हाथ छोड़ने का मेरा मन नहीं कर रहा था – ''पर जब हाथ छोडूंगा तो ही और किसी बात पर बातें होंगी।'' यह सोच कर मैंने उसका हाथ छोड़ दिया लेकिन वह मुझे बहुत बड़ा ज्योतिष मान रही थी और बार–बार मेरे हाथों में अपना हाथ दे देती। मैं अब बोर होने लगा क्योंकि अब मेरा दिमाग किसी और काम की तालाश में लगा हुआ था।

वैसें तो हम लोग चुम्बन कई बार ट्रेन में कर चुके थे फिर भी यह एक ऐसा नशा है कि कभी भी इसकी भूख कम नहीं होती और यह भी सत्य है कि अगर कोई ये काम कर चुका हो तो वह हर मिलन पर इसको करना चाहता हैं, नहीं तो उनको चैन नहीं आता। इसी तरह कुछ हम लोगों की भी हाल थी, पर समझ में कुछ नहीं आ रहा था। हम लोगों ने जगह तो ऐसा ही चुना था कि ये सारी चीजें कर सके पर ऐसा संभव नहीं हो पा रहा था, जब भी मूड बनता, तब तक कोई न कोई 'कबाब में हड्डी' बनकर उस तरफ चला आता और मूड खराब हो जाता। हम लोगों के आस–पास हम लोगों की तरह और भी कई जोड़ बैठे हुए थे और वे लोग जब जी में आये तब–तब ये सब करते

और एक दूसरे के गले मिलते। उनको वहाँ के आते–जाते लोगों की आदत पड़ चुकी थी और वे लोग किसी का पर्वाह किये बगैर ये सारी चीजें कर रहे थे लेकिन मैं जितना शर्मिला था, उससें कहीं ज्यादा वह थी। कभी–कभी मैं मूड बनाता कि अगर इस बार कोई आया तो भी करूंगा, तो वह मुझे रोक देती और किसी दूसरे टॉपिक पर बातें छेड़ देती। उस वक्त मैं झल्ला कर रह जाता। मुझे बस उसका हाथ पकड़ कर तथा उसके होठों को देखकर ही काम चलाना पड़ा। कई घण्टें तक हम लोग वहीं बैठे रहे और ढ़ेर सारी बातें किये तथा एक दूसरे को और करीब से जानने लगे। फिर हम लोग इधर–उधर घूमते रहे और मेरे पैसे खर्च होते रहे। वैसे वह भी मेरे ऊपर पैसे खर्च कर रही थी लेकिन जब मैं उसे खिलाऊँ– ''लॉली पाप'' तो वह मुझे खिलाये– 'चुरमुरा' मतलब, मैं उस पर सौ रूपये खर्च करूँ तो वह मेरे ऊपर बीस रूपये खर्च करे। फिर भी उसका साथ अच्छा लग रहा था और उसके बीस रूपये, बीस हजार के बराबर थे। धीरे–धीरे शाम के पाँच बज गये और हम लोग इधर–उधर टहलते रहे। अब समय आ गया था एक दूसरे को अल्विदा बोलने का तो थोड़ा बुरा लगने लगा और मेरा चेहरा उतर गया। तब मैं मूँह बनाकर खड़ा हो गया। वह बोली– ''अरे पागल! इतने उदास क्यों हो रहे हो? मैं अगले–के अगले शनिवार को फिर मिलूँगी और बीच–बीच में तुम मुझे फोन करते रहना।'' इतना सुनकर मेरा मूड कुछ ठीक हुआ पर अगले के अगले शनिवार मतलब लगभग चौदह दिन यानि लगभग आधे महिने बाद। ये सोच कर और भी बुरा लगने लगा और परेशानी बढ़ गयी। क्योंकि अब मुझे इंतजार करना पड़ेगा। पर मैं उसकी सहमति में अपना सर हिलाया और वह जाते–जाते मेरे गाल पर 'एक पप्पी' दे कर ''लव यू'' बोली और चली गयी। मैं भी वापस कमरे पर चला आया और वहाँ आशीष, राहुल और सुमित मेरा इंतजार कर रहे थे कि कब मैं वापस आऊँ और उनको अपनी सारी बातें बताऊँ। वहाँ पर तो कुछ हुआ नहीं था पर मैं अपनी तरफ से बातें– बढ़ाचढ़ा कर उनको बताने लगा और वे लोग भी सारी

बातों को सच मान कर भगवान से मन्नत मांगने लगे कि – "हे भगवान। मेरी भी ऐसी सेटिंग करा दो।" जब उनकी बातों से मुझे समय मिला तो मैं उसको फोन करने गया। फोन की घण्टी बजते ही आशला ने ही फोन उठाया और फिर लम्बी बातें चली। अब मेरी तरह वह भी ख्यालो में डूबी हुई थी और हमेशा मेरे लिए सोचा करती थी। ज्यादा बिल उठता देख, मैं उससे फोन रखने के लिए बोला तथा फिर कल बात करेंगे– का वादा करते हुए फोन रख दिया। अब जिंदगी मुझे प्यारी लगने लगी थी और हमेशा उसके ख्यालों में समय बीतता जा रहा था।

16

शुक्रवार की कॉल

अब हम लोगों की रोज घण्टों बातें होती थी। जब तक दिन में एक बार उससे बात ना हो जाये, कुछ अच्छा नहीं लगता था। एक–एक दिन उसके इंतजार में बीत रहा था कि कब वह शनिवार आये और उससे मिलने का, उसको देखने का मौका मिले। जब उससे बातें नहीं होती थी तो समय बीत जाता था लेकिन अब उसके इंतजार में समय भी नहीं बीतता और ना ही काम करने में मन लगता था। पर कुछ भी हो फोन कर के ही काम चलाना पड़ता था और इंतजार जारी रहता था। रोज–रोज बात करने से, मेरे पास कुछ नयी बातें नहीं रहती थी लेकिन मन का कीड़ा बात करने से ही शांत होता था। रोज की एक ही बातें– ''क्या कर रही हो?''

''स्कूल गयी थी?''

''क्या पढ़ाया गया?''

''क्या खाया?''

''कितने बजे जागी?''

''कितने बजे सोयी?''

फिर लास्ट में– ''जान, आप की बहुत याद आ रही है, मिलने का मन कर रहा है।'' बस इसी तरह की जनरल बातों के आलाव मेरे पास कुछ पूछने और कहने को न था। वह तो हमेशा शांत रहती, जितना मैं पूछता उतनी ही बताती और कभी कुछ स्पेशल हुआ तो बता दिया करती या पूछ लिया करती थी। लेकिन मैं ही फोन पर बड़बड़ाता रहता था। वह तो सिर्फ ''हाँ–हूँ'' करती रहती। इसका मतलब ये नहीं कि हम लोगों को एक दूसरे में दिलचस्पी नहीं था, वो बस बात करने के लिए बातें कम पड़ जाया करती थी और अंत में फोन रखना पड़ता था। वैसे चाहे बिल जितनी आये पर लड़कियों से बात करते वक्त फोन कट करने का मन नहीं करता है। इस तरह अब हम लोग फोन पर बातें खत्म होने के बाद चुम्बन वाला खेल खेलते थे। उसमें क्या करना होता था कि पहले वह मुझे फोन पर किस्स देती और फिर मैं उसको किस्स देता और इस दौरान किसी भी तरह का शोर नहीं करना होता था और ना ही बोलना होता था, बस किस्स की ही आवाज आनी चाहिए और आंखे बंद कर के महसूस करना होता था कि हम दोनों एक दूसरे के पास हैं।

यह खेल मेरे लिए तो थोड़ा मुश्किल था, क्योंकि मैं कॉलबूथ से उसे फोन करता था और उसके लिए आसान, क्योंकि वह दरवाजा बंद करके कमरा अंधेरा कर लेती और इस प्यार का तथा इस खेल का पूरा आनंद लेती थी। मैं भी अंदर केविन में चला जाता और आनंद को महसूस करता लेकिन उसकी तरह फूल माहौल नहीं हो पाता था। इस प्रकार हम लोग धीरे–धीरे रोमांस की बातें करने लगे तथा रसीली बातें भी उसमें शामिल हुआ करती थी। अब धीरे–धीरे हम लोगों को इन सब चीजों की आदत पड़ने लगी। जब तक गंदी बातें ना करते, तब तक मन को शांति नहीं मिलती थी और इस तरह मन तो कुछ शांत हो जाता था लेकिन जब फोन रखता था और कुछ समय बाद जब उसको याद करता, तो 'रोम–रोम' खिल उठता और उससे मिलने के लिए मन उतावला हो जाता था। अब एक–एक पल उसके बिना भारी

पड़ने लगा था। हर वक्त उसका ख्याल दिमाग में होता था। उसकी बातें, उसका दिया हुआ 'चुम्बन' सब दिल और दिमाग में गूंजता रहता था। उस वक्त अजीब महसूस होता था। मन बिल्कुल नीरस और उससे बातें करने की तलब हमेशा लगी रहती थी। अब ऐसा हो चुका था कि फोन से दूर होने का मन नहीं करता था लेकिन फोन बिल इतना ज्यादा आने लगता कि मजबूरन फोन रखना पड़ता था। इस तरह अब हम उसकी ही याद में जिये जा रहे थे। मुझे उसका नहीं पता कि – क्या वह भी मेरी तरह ही हो चुकी थी या नहीं। पर इतना जरूर पता था कि उसे भी अच्छा लगता है, तभी तो वह भी फोन पर चिपकी रहती थी।

शनिवार अभी बहुत दूर था और मुझे उसका इंतजार बहुत करना था। एक–एक दिन एक साल के बराबर मालूम पड़ता था लेकिन एक–एक दिन उस मिलन वाली शनिवार के करीब पहुंच रहा था और शनिवार आने के लिए दो दिन शेष रह गये थे। मुझसे अब ज्यादा इंतजार नहीं हो रहा था, क्योंकि अक्सर ऐसा होता है, जब किसी चीज का बहुत दिनों से इंतजार कर रहे होते हैं और जब वह चीज बिल्कुल करीब आ जाता है तो इंतजार करना मुश्किल हो जाता है, उसी तरह मेरी भी हालत थी। इस दौरान हम एक दूसरे के बहुत करीब आ गये थे और हम दोनों के बीच सारी बातें, अच्छी–बुरी हुआ करती थी। हम लोग एक–दूसरे के लिए बिल्कुल खुल चुके थे, किसी तरह की झिझक नहीं थी।

***

मैंने शुक्रवार को सुबह उसको याद दिलाने के लिए फोन किया कि –"कल शनिवार है। मिलने आओगी न।" उसने इस प्रश्न का जवाब निराशापूर्वक आवाज में दी और ज्यादा उत्साह न दिखाते हुए बोली – "हाँ आऊँगी।"

"पर कहाँ?" उसने मुझसे पूछा।

मैंने बोला – ''कहाँ क्या? वही मिलते है।''

''सेन्ट्रल पार्क में।''

''क्या, सेन्ट्रल पार्क?''– झल्लाकर बोली।

मैं बड़े प्यार से पूछा – ''क्यों, क्या हुआ? मूड क्यों खराब है?''

आशला– ''कुछ नहीं यार।''

मैं – ''तो क्या मिलने का मन नहीं है?''

आशला– ''नही यार, मैं मिलना चाहती हूँ पर वहाँ नहीं। ऐसी जगह पर क्या मिलना? जहाँ एक दूसरे को देखने से ज्यादा वहाँ आते–जाते लोगों पर निगाहें जाती हो।'' वह पेरशान होते हुए बोली।

मैं उसको समझाते हुए बोला– ''यार तो कहाँ चले?''

''हर जगह कोई न कोई आता–जाता ही मिलेगा और ऐसी कोई शांत जगह हो तो बताओ।''

आशला– ''मैं क्या बताऊँ?''

मैं– ''तो मिलने आ रही हो न?''

आशला– ''मैं तुम से ऐसी जगह मिलना चाहती हूँ, जहाँ कोई भी आये–जाये नहीं।''

''बिल्कुल सुनसान जगह पर।''

अब मैं सोच में पड़ गया कि कहाँ ऐसी सुनसान जगह मिलेगी, तब तक मेरे दिमाग में एक उपाय आया कि – हमलोगों के कमरे से ज्यादा सुनसान तो कोई जगह होगी ही नहीं, क्यों न उसे यहाँ बुलाऊँ। मैंने यह उपाय उसको बताया और कमरे पर आने के लिए बोला। वह उस उपाय को सुन कर खुश तो हुयी पर आने के लिए मना करने लगी और मुझसे कुछ दूसरा सोचने के लिए बोली। मैं अब कौन

सी ऐसी शांत जगह ढूंढू, कुछ समझ में नहीं आ रहा था। मैं अंत में परेशान होकर बोला – "अब तुम ही ढूढ़ों की कहाँ मिलना है और आप के लायक कौन सी शांत जगह है।" इस तरह उसे समझ में आ गया कि – मैं अब परेशान हो गया हूँ। वास्तव में, मैं बहुत परेशान हो गया था और झल्लाकर बोला –"कल शनिवार को सुबह आप को फोन करूँगा और आप रात भर में ऐसी शांत जगह ढूंढ़ कर रखना, तुम जहाँ बुलाओगी वहाँ मैं चला आऊँगा।"

वह थोड़ी देर सोचने के बाद बोली – "आज मैं स्कूल नहीं जा रही हूँ और घर पर कोई नहीं रहेगा। सभी बदरपुर वाले अंकल के घर जा रहे हैं, उनके घर आज पूजा है।" इतना सुन कर मैं खुशी से पागल होने लगा और मुझे अभी एक दिन और इंतजार करना था लेकिन वह मिलन का शनिवार, 'शुक्रवार' को ही आ गया। अब मैंने जल्दी–जल्दी उसका पता नोट किया और उससे बोला कि – मैं दो घण्टे में वहां पहुँचता हूँ।

आशला बोली– "नहीं पागल इतनी जल्दी मत आना। अभी दस बजे से ये लोग जायेंगे और मैं स्कूल जाऊँगी नहीं तो मुझे भी इनके साथ जाना पड़ेगा।

मैं बोला– "तुम तो स्कूल नहीं जा रही हो और स्कूल चली गयी तो कैसे मिलोगी?"

आशला– "नहीं यार, मैं स्कूल के लिए जाऊँगी पर स्कूल ना जाकर अपने एक दोस्त के घर चली जाऊँगी और दो घण्टे बाद फिर वापस आ जाऊँगी।" मैं सारा प्लान समझ गया और बोला– "लगभग ग्यारह बजे तक मैं पहुंच जाऊँगा।" वह सहमति देते हुए– अभी फोन रखने के लिये बोली। मैं भी उसकी बात मान गया और बाय बोल कर फोन रख दिया।

साढ़े नौ बजे सुबह, मैं मयूर विहार फेज–2 के लिए निकला और लगभग साढ़े दस बजे मैं वहाँ पहुंच गया। फिर वहाँ से उसके घर के

तरफ चल पड़ा। मुझे उसके घर तक पहुँचने में कोई परेशानी नहीं हुई, क्योंकि आशला ने मुझे रास्ता अच्छे से बता दिया था। ग्यारह बजने में अभी दस मिनट बाकी थे तो मैं सोच रहा था कि उसके घर की बेल बजाऊँ कि नहीं लेकिन अचानक मेरे मूड में आया कि जब पूरा ग्यारह बजेंगे तो ही बजाऊँगा। मैं वहाँ किनारे दूर खड़े होकर ग्यारह बजने का इंतजार करने लगा और मेरी निगाहें उसके दरवाजे पर ही टिकी थी। दो–तीन मिनट बाद उसका दरवाजा खुला और अंदर से अंकल–आण्टी निकले तथा साथ में एक लड़का भी था। मैं उनको देखकर डर गया और धन्यवाद बोला कि ''अच्छा हुआ जो मैनें बेल नहीं बजायी।'' वे लागे जल्दी में थे और जल्दी–जल्दी बाहर निकल कर ताला लगा दिये। अब मैं 'कंफ्यूज' हो रहा था कि दरवाजे पर ताला लग गया तो हम लोग अंदर कैसे जायेंगे? मेरे दिमाग में हजार तरह के सवाल आ रहे थे– कि आशला को कैसे बताऊँ कि मैं यहाँ पहुंच गया हूँ? अब मुझे कुछ समझ में नहीं आ रहा था, मैं थोड़ी और दूर जाकर खड़ा हो गया और उसके घर के दरवाजे को देखता रहा। दस मिनट बाद लगभग ग्यारह बजकर पांच मिनट पर मुझे उस दरवाजे की तरफ एक लड़की आती हुई दिखायी दी, दूर से समझ में नहीं आ रहा था कि वह आशला है या कोई और, मैं उसके पास जाने में डर रहा था और सोच कर परेशान था। वह लड़की दरवाजे के पास गयी और पर्स से चाभी निकाल कर दरवाजा खोली। उसको दरवाजा खोलते देख, मैं अब थोड़ा निश्चित होने लगा कि वह आशला ही होगी पर अभी भी संदेह था। वह घर के अंदर चली गयी और उसने अंदर से दरवाजा बंद कर दिया।

मैं वहीं खड़ा सब कुछ देख रहा था और पाँच मिनट और बीतने का इंतजार कर रहा था तथा सोच रहा था कि – ''मैं बेल बजाने जाऊँ या ना जाऊँ। अब मैं जल्दी करने वाला नहीं था क्योंकि जल्दी के चक्कर में आज प्रोब्लम हो जाती। मैं पांच मिनट बाद ही दरवाजे पर गया और घण्टी बजायी। दो–तीन बार घण्टी बजाने के बाद दरवाजा

खुला। अंदर से आशला आयी, मैं बोला– "हाय! आशला" वह मुझे देखकर हंसने लगी और बोली– "अंदर आओ।" मैं अंदर गया और चेयर पर बैठा। वह मेरे लिए पानी लाने गयी। मैं वहाँ बैठ कर अपने मन में रोमांस की कहानी बुनने लगा। वह पानी लायी और मुझे दिया तथा कुछ और लाने किचन में गयी। मैं– "थैंक्स बोला।" और बड़बड़ाने लगा– "यार आज जल्दी में काम खराब हो जाता और हम लोग आज पकड़े जाते। इतना सुनकर वह और हंसने लगी और किचन से बाहर निकल कर आयी। मैंने उसे ध्यान से देखा और पसीना–पसीना होने लगा। वह हंसती जा रही थी। मैं उसे देखकर मन ही मन पश्चाताप कर रहा था। जब मैंने पहली बार उसको ध्यान से देखा तो मुझे अपनी गलती का एहसास हुआ, वह आशला नहीं थी। मैं इतना परेशान था कि जब वह दरवाजा खोलने आयी तो मैंने उसको ध्यान ही नहीं दिया। दिमाग में था कि वह आशला ही है पर सब उल्टा हो गया। वह मेरी इस बात से, मेरे और आशला के बारे में सब समझ चुकी थी, वह बच्ची तो थी नहीं, उसे प्लानिंग के बारे में भी समझ, आने लगी थी। पर अब क्या हो सकता था। वह बोली– "मैं आशला नहीं हूँ।" "मैं शईमा हूँ, उसकी छोटी बहन।" मैं बोला– "हाँ, दिख रहा है पर ये पता नहीं था कि आशला की बहन भी है।" गलती तो मेरी ही थी कि कभी उसके परिवार के बारे में बात भी नहीं करता था। हमेशा उसी के चक्कर में पड़ा रहता था। अंततः सारी सेटिंग खराब हो गयी थी और आशला की छोटी बहन शाईमा जो हुबहू उसकी शकल की थी, उसने मुझे कन्फ्यूज कर दिया था।

वह मेरे बारे में सब कुछ पूछने लगी, जैसे–

"आप का नाम क्या है?"

"आप और दीदी कहाँ मिले थे?"

"आप दीदी को कितने दिनों से जानते हैं?"

"आप क्या करते है?"

मैं उसके एक–एक सवाल का जवाब देता रहा, वह प्रश्न पे प्रश्न करती रही। लगभग बारह बज चुके थे अभी आशला वहाँ नहीं आयी थी। मैं और शईमा एक सुनसान घर में अकेले थे, मुझे अजीब सा महसूस हो रहा था और उसकी मजाक भरी बातें मन में गुदगुदी तो कर ही रही थी लेकिन 'प्यार के एहसास' को और बढ़ावा दे रही थी। लेकिन मुझे अपने आप को कंट्रोल करना था। हम लोग ऐसे ही गप्पे लड़ाते रहे और धीरे–धीरे समय बीतता रहा। मेरी निगाहें दरवाजे पर टिकी रहीं। तब तक दरवाजे की घण्टी बजी। मैं झट चेयर से खड़ा हुआ और दरवाजा खोलने के लिए गया। जैसे ही दरवाजा खोला आशला मुझे देखकर हैरान हो गयी और बोली– ''तुम अंदर कैसे आये? और अंदर क्या कर रहे हो?'' मैं उससे बोला– ''पहले अंदर आओ, नहीं तो मुझे कोई देख लेगा।'' वह तुंरत अंदर आयी और दरवाजा बंद कर दी। मैंने उसको सारी बातें बतायी और बोला– ''यार! तुमने मुझे ये नहीं बताया की तुम्हारी कोई बहन भी है।''

आशला परेशान होते हुए बोली– ''यार, तुम्हारी ही बातों से फुर्सत कहाँ रहती है कि ये सब बातें की जाती।'' वह बड़बड़ाते हुए शाईमा को बोली– ''तुम आज स्कूल से जल्दी क्यो आ गयी?'' शईमा हंसने लगी और बोली– ''मैं अपने दोस्त के पास जा रही हूँ, तुम यहाँ रहो और इनका ख्याल रखना।'' आशला भी हंसने लगी और उसका मूड ठीक हो गया।

मैंने सोचा, वह सच में कहीं जा रही है पर वह तो दीदी को ताने मार रही थी। पार्क में कम से कम हाथ में हाथ डालकर उसके पास तो बैठा था लेकिन यहाँ पर उसके करीब भी बैठने के लिए नहीं मिला। मेरी खूब सेवा हुई, कभी चाय तो कभी कॉफी तो कभी 'कोल्डड्रिंक्स' लेकिन 'दिल के अरमान दिल' में ही रह गये। उसके होठो का चुम्बन तो दूर की बात है उससे निगाहें भी नहीं मिला सका और ना ही आंखों में आखें डालकर दो प्यार भरी बातें कर पाया। आशला भी कुछ ऐसा ही सोच रही थी पर वह भी अपनी फीलिंग्स छिपा रही थी। मैं कुछ

देर तक वहां रहा लेकिन मन में डर बना हुआ था कि कहीं कोई आ ना जाये और बेवजह बदनामी हो। आशला के आंखो से दूर जाने का मन नहीं कर रहा था लेकिन मजबूरी ऐसी थी कि वहाँ अब ज्यादा रूकना ठीक नहीं था। उसके घर वाले कभी भी आ सकते थे। मैं उसको ''बाय'' बोला और जाने के लिए दरवाजे की तरफ मुड़ा। वह भी मेरे पीछे आयी और मेरा हाथ पकड़ लिया। वहाँ शईमा नहीं थी, वह रूम में कुछ ढूढ़ रही थी। मुझे अकेला पा कर उसने मुझे 'किस्स' किया। मैं भी उसको अपने दोनों बाहों में पकड़ लिया और उसके होठों का चुम्बन करने लगा। थोड़ी देर बाद वह मुझे छोड़ने के लिए बोली, नहीं तो शाईमा देख लेती। मैं उसकी बात मान गया और वहां से निकला। वह मुझे ''लव यू'' बोली और फोन करने के लिए कहा। मैं जल्दी–जल्दी वहां से भागा और अपने कमरे पर आ गया। यहां आकर देखा तो आशीष, राहुल और सुमित आज काम से जल्दी आ गये थे और मेरा इन्तजार कर रहे थे। मुझे देखकर वे मेरे ऊपर टूट पड़े और पूरी कहानी सुनना चाहते थे। मैं उनको निराश किया और सारी बातें बतायी कि वहां तो कुछ हर्कत ही नहीं हुयी और बना बनाया मूड खराब हो गया।

ऐसा सुनकर उनके मुह से मेरे लिये गालियाँ निकलने लगी और वे सब बोलने लगे– ''यार! एक के साथ एक फ्री थी, तुमने दोनों छोड़ दीं।'' ''भाभी ना सही, साली तो थी, हम लोग उनको भी भाभी मान लेते।''

मैं उनको समझाते हुए बोला– ''यार वह ऐसी नहीं है और यह ठीक भी नहीं था, आशला को पता चलता तो वह क्या सोचती?''

आशीष बोला– ''कोई नहीं यार, हम लोग मजाक कर रहे हैं। चल कोई बात नहीं अब दूसरा मौका ढूँढ़ते हैं।'' मैं भी यही सोच रहा था कि मौका अच्छा था पर उसकी बहन ने सारा प्लान चौपट कर दिया।

1 7

राहुल, सुमित और गर्स्टिन बैस्चन रोड

राहुल मायूस होकर बोला– ''यार, तुम लोगों के पास तो 'गर्लफ्रेण्ड' हैं, आज नहीं तो कल मौका मिल ही जायेगा। लेकिन मेरे पास 'गर्लफ्रेण्ड' ही नहीं है तो मुझे मौका ढूँढ़ने से क्या फायदा।'' सुमित भी उसकी तरफ से बोला–''कि तुम लोग तो बीच–बीच में मजे लेते रहते हो , मैं और राहुल सिर्फ तुम लोगों की कहानियां सुनते है और लगता है कि हम लोगों को तुम लोगों की कहानियों से ही काम चलाना पड़ेगा।''

आशीष उसकी फ्रस्टेशन समझ रहा था और बोला– ''हम लोगों की केवल एक 'गर्लफ्रेण्ड' हैं लेकिन जिनकी गर्लफ्रेण्ड नहीं है, उनकी जी.बी.रोड की सारी लड़कियां गर्लफ्रेण्ड हैं, जिसको चाहों उससे प्यार कर लो तथा रोज–रोज नये टेस्ट और नये 'फ्लैबर' का मजा लो। मैं आशीष की तरफ से बोला–''हां आशीष सही बोल रहा है। लड़की तो लड़की ही होती है, चाहे वह 'गर्लफ्रेण्ड' हो या 'जी. बी. रोड' की हो, बस एक ही फर्क है, वह यह कि 'गर्लफ्रेण्ड' के साथ सही मौके का इन्तजार होता है और छूपकर प्यार करना पड़ता है, लेकिन उनके साथ हर रोज सही मौका है और बिना टेंशन के प्यार किया जा सकता है।

आशीष भी मेरी बातों पर गौर फर्माया और बोला– ''हां यार 'गर्लफ्रेण्ड' के यहां तो पकड़े जाने पर लात–घूशा खानी पड़ती है और शायद जान भी गवानी पड़ सकती है।'' वह ऐसे अंदाज में बोला जैसे उसे कभी पकड़े जाने पर लात–घूशा पड़ी हो। सुमित उसकी बात दुहराते हुए – ''लात–घूशा'' मतलब तुम कहीं पकड़े गये थे, क्या?'' आशीष बोला – ''नहीं यार, मैं तो सच्चाई बता रहा हूँ कि अगर ऐसी स्थिति में पकड़ लिए जाये तो लोग जान से भी मार सकते हैं।'' वह हम लोगों से कुछ छिपा रहा था पर उसकी, इस बात से साफ जाहीर हो रहा था कि वह कहीं पकड़ा गया था और बहुत मार खाया है तथा कैसे भी जान बचाकर भाग पाया है। लेकिन कुछ बताना नहीं चाहता था। फिर राहुल बोला–''यार अगर 'जी.बी. रोड' पकड़े गये तो पुलिस की लात–घूशा खानी पड़ेगी। मैं राहुल को समझाते हुए बोला–''यार मैंने सुना है कि जी.बी. रोड लाइसेंसी है, मतलब यहां कभी रेड नहीं पड़ता हैं।'' तब तक सुमित बोला–''यार पकड़े भी गये तो जान तो, गवानी नहीं पड़ेगी, पुलिस को पांच सौ रूपये दो, वह तुरन्त छोड़ देगी।''

मैं उसको विश्वास दिलाया कि–''वहां 'रेड' नहीं पड़ता है और वह लाइसेन्सी है।'' तब तक आशीष बोला–''तो क्या सरकार को पैसे जाते होंगे? मैं बोला–''यह नहीं पता, पर पुलिस वालों को जरूर पैसे जाते होंगे।'' इन सब बकवास की बातों में हम लोगों का वहां फिर से जाने के लिए प्लान बन गया। राहुल और सुमित वहां जाने के लिए बेचैन होने लगे और हम लोगों से जाने के लिए बोलने लगे। सुमित बोला–''तुम लोग जब अपने गर्लफ्रैण्ड से मिलने जाते हो तो अकेले ही जाते हो लेकिन हम लोग जब भी अपनी गर्लफ्रेण्ड से मिलने जाते हैं तो तुम लोगों को भी साथ ले जाते हैं। मैं सुमित के इस बात से सहमत हो गया क्योंकि आज बना बनाया मूड जो खराब हो गया था। आशीष इन सब कामों में आगे था पर पैसे बचाने के चक्कर में बहाना बना रहा था तो हम लोग ने उसको लालच दिये कि हम लोग तुमको 25–25 रूपये दे देंगे और बाकि तुम दे देना। वह तुरन्त राजी हो गया और

हम लोग 'जी. बी. रोड' के लिए निकल पड़े। इस बार ठेकेदार हम लोगों के साथ नहीं था। हम लोगों ने वहां अकेले ही जाने का प्लान बनाया।

मैं और आशीष–'राहुल और सुमित' के लिए वहां जा रहे थे। रास्ता भूल चुका था तो रिक्शे वाले से मैंने रास्ता पूछा तो वह बोला–

''जी.बी.रोड जाना है?'' ''क्या करने?''

मैंने बोला – ''यार तू रास्ता बता दे।''

वह बोला– ''आओ बैठो छोड़ देता हूँ।''

आशीष बोला – ''कितना लोगे?''

वह बोला–''एक–एक लोग का पच्चीस–पच्चीस रूपये लगेंगे।''

मैं बोला–''भाई तू रास्ता बता दे, हम लोग वहां चले जायेंगे।''

वह बोला–''सीधे चले जाओ, जब वह गली आयेगी तो अपने आप पता चल जायेगा।''

हम लोग सीधे जाने के लिये आगे बढ़े, वह पीछे से तानें मारा–''जाओ–जाओं मजे लेकर आना।'' उसकी बातें वहां खड़े लोगो ने भी सुना, इस वजह से थोड़ा गुस्सा आया, नहीं तो हमलोग उसी उद्देश्य से ही वहाँ जा रहे थे, इसमें गुस्सा होने वाली कोई बात नहीं थी। हम लोग बहुत खुश थे और आगे बढ़ते जा रहे थे। धीरे–धीरे रात होने लगी थी और उधर से वापस भी आना था। इसी वजह से थोड़ी–सी जल्दी थी। सही रास्ते पर जा रहे थे लेकिन डर था कि कहीं रास्ता, न भटक जाये और खामोखा समय बर्बाद हो। हम लोग आगे बढ़ते जा रहे थे और ख्वाबी पुलाव बनाते जा रहे थे। इतना ही नहीं, मजे लेने के लिए नये–नये बहाने भी ढूँढ़ रहे थे। हम लोग बिल्कुल उन कोठों के करीब थे और वहां पहुंचने के लिये परेशान थे।

थोड़ी देर बाद हम लोग उस रोड पर पहुंच गये। ऊपर कोठे से लड़कियां बुला रही थीं–"ओय चिकने! आये चिकने! इधर आ।" हम लोग उनको देखकर बहुत खुश हुये। वे बहुत सुन्दर–सुन्दर लड़कियां थी और उनके बुलाने का अन्दाज मन में गुदगुदी कर रहा था। हम लोग आपस में बातें कर रहे थे कि "यहां चला जाय या नहीं।"

आशीष बोला–"हां क्यों नहीं, चलो चलते हैं।"

तब तक एक लड़का आया और बोला–"भाई साहब, एक दम चिकनी–चिकनी लड़कियाँ हैं, बिल्कुल अट्ठारह–अट्ठारह साल की, चलो, ले चलता हूँ, पैसे भी यहां कम लगेंगे, हर जगह से पच्चास रूपया कम ही दे देना।"

राहुल जाने के लिए तैयार हो गया, मैं उसको जोर से डाटाँ – "तू चिकनी–चिकनी लड़कियों के नाम से बहक जाता है" और उसको बोला– "नहीं तुम जाओं, हम लोगों को चिकनी–चिकनी लड़कियां नहीं चाहिये।"

"खराब लड़की ही मुझे अच्छी लगती है।" तो वह दूसरे ग्राहक के पास चला गया। जब वह चला गया तो मैं उसको बताया कि "चिकनी–चिकनी लड़कियों के नाम पर, ना जाने वह हम लोगों को कहां ले जाता तथा लूट लेता और जान से भी मार सकता था। "भाई यह दिल्ली है, यहां ऐसे ही लोग चिकनी लड़की बताकर ऐसी जगह ले जायेंगे और अन्धा, लंगड़ा, लूला बनाकर किसी चौराहे पर बैठा देंगे फिर भीख मांगते रहना।" राहुल, आशीष और सुमित मेरी बातों से सहमति हो गये और मैंने ऐसे दलालों से बात करने के लिए भी मना किया। उस दलाल के चक्कर में हम लोग जहाँ खड़े थे और सुंदर–सुंदर लड़कियाँ बुला रही थीं, वहाँ से आगे आ गये। राहुल बोला– "चलो वहीं चलते है।"

आशीष बोला – "पूरा कोठा लड़कियों से भरा पड़ा है, चलो कहीं भी घूस जाते हैं।"

अभी हम लोग सोच रहे थे कि – 'कहाँ चला जाय' तब तक दो लड़के आये और हम लोगों से पूँछे– ''भाई, 'कोठा नम्बर 65' यही है।'' अभी मैं कुछ बोल पाता कि उसका दूसरा साथी बोला – ''हाँ यही हैं, चलो'' और बड़बड़ाया – ''यहाँ अच्छी–अच्छी लड़कियाँ रहती हैं, यार।'' अब समय भी धीरे–धीरे ज्यादा होने लगा था तो मैं बोला – ''चलो जल्दी कहीं चलते हैं और सभी लोग जल्दी वापस आना, कमरे पर भी जाना है।''

आशीष बोला – ''चलो यहीं चलते हैं, सुना है 'कोठा नं. 65' में अच्छी–अच्छी लड़कियाँ रहती हैं।''

राहुल और आशीष बोले– ''तो चलो चलते हैं।''

आशीष आगे–आगे और मैं उसके पीछे तथा मेरे पीछे राहुल और सुमित थे। हम लोग ऊपर कोठे पर पहुँच गये। वहाँ बिल्कुल ही साफ–सफाई नहीं थी, इधर–उधर गंदगी थी, दीवारे बिल्कुल जर–जर थी। मैं अपनी निगाहें इधर–उधर दौड़ाया तो देखा चारो तरफ 'आण्टी' ही 'आण्टी' नजर आ रहीं थी, किसी का रंग काले के सिवाय कोई दूसरा नहीं था और सभी मोटी–मोटी 'आण्टी' थीं। सभी के चेहरे पर 'होठ लाली' लगा हुआ था, वे सभी ऐसी लग रही थीं जैसा कि रावण की बहन 'सूर्पनेखा' जो बिल्कुल दानव और काली सी भैंस की तरह।

मैं उन सबको देखकर, सबसे बोला – ''यार यहाँ से चलो, यहाँ सब 'आण्टी' हैं, चलो किसी और क़ोठे पर चलते हैं। आशीष बोला – ''हम लोग गलत आ गये हैं, यह 'कोठा नं. 65' नहीं है। हम लोग तो बस उन दोनों लड़कों के चक्कर में यहाँ ऊपर आ गये, नहीं तो किसी और कोठे में जा रहे थे। मैं अभी वहाँ से निकलने के लिए सोच ही रहा था कि वही दोनों लड़के आये और राहुल तथा सुमित का हाथ पकड़ कर बोले– ''चलो, बैठों यहाँ, अभी मस्त–मस्त लड़कियाँ बुलाता हूँ।'' राहुल मस्त–मस्त लड़कियों के चक्कर में वहाँ जाकर कमरे में बैठ गया। उसको जाता देख सुमित भी चला गया और अंदर कमरे में जा

कर बैठ गया। मैं उनको इशारा किया– ''आओ, दूसरी जगह चलते हैं'', मुझे यहाँ कुछ ठीक नहीं लग रहा था, दिल से आवाज आ रही थी कि यहाँ से निकलों नहीं तो बड़ी समस्या हो जायेगी। मैं अपने दिल की बात मानकर वहाँ से पीछे मूड़ा मुझे देखकर आशीष भी मेरे पिछे आया और हम दोनों को देखकर सुमित और राहुल भी वहाँ से उठे और कमरे से बाहर निकलने का प्रयास किये। हम लोगों को जाता देखकर उन आण्टियों में से एक आण्टी आयी और राहुल और सुमित को बोली – ''तू यहाँ चुपचाप बैठ, क्या तू यहाँ से भाग जायेगा?'' इतना कहते हुए उन दोनों का बांह पकड़ कर, अकेले कमरे में ले कर चली गयी। वह ऐसी थी ही कि अकेले उन दोनों के लिए काफी थी। मेरे पीछे वे दोनों लड़के दौड़कर आये तथा मुझे पकड़ लिये और मुझे कमरे में ले जाने के लिए धक्का देने लगे, मैं उनसे कम नहीं था, उन दोनों को अकेला सम्भाल लेता और उनको घसीट कर बाहर ले जा सकता था। पर ऐसा नहीं हुआ। वहाँ उन दोनों लड़कों को कम पड़ता देख और दो दल्ले आ गये। उनको आता देख आशीष भी अक्रामक मूड में आ गया और उन दल्लों को सम्भालने लगा। इस प्रकार वह दोनों लड़के मुझे अंदर कमरे की तरफ धक्का दे रहे थे और मैं उनको बाहर की तरफ घसीट रहा था। मैं उनको घसीट कर सीढ़ी के पास तक ले जा चुका था और आशीष भी वहाँ मौजूद दल्लों को बालकनी से सीढ़ी तक लाने वाला ही था तब तक मेरी निगाहें राहुल और सुमित पर पड़ी। वे दोनों चुपचाप उस आण्टी के कमरे में बैठे थे, वह आण्टी उन दोनों को आगे से खड़ी होकर घेर रखी थी। वे दोनों बेचारे चिड़ियाँ की तरह आण्टी के जाल में फंस चुके थे और उस आण्टी जैसी लड़की का शिकार होने वाले थे। हम लोगों में इधर घमासान मुकाबला चल रहा था और धक्का–मुक्की हो रही थी। मैं समझो वहाँ से निकलने वाला ही था तथा आशीष भी पूरी कोशिश में लगा हुआ था। उन दल्लों को हारता देख तीन–चार और दानव जैसी आण्टी लड़कियां आ गयी और हम लोगों को कमरे की तरफ धक्का देने लगी,

वे तो मेरे एक हाथ की थीं, मैं उनको भी सम्भाल लेता पर वहाँ का माहौल बिल्कुल गर्म हो गया था और खूब शोर–शराबा हो रहा था, जैसे की कुत्ते आपस में 'बोटी' के लिए लड़ते हैं। इस प्रकार वे हम लोगों से पैसे ऐठने के लिए और दल्ले अपने कमीशन के लिए लड़ रहे थे। इस जंग में हम लोग विजयी हो जाते पर मैं, 'सुमित और राहुल' के लिए रूक गया क्यों कि वे वहाँ से निकल नहीं पाते और उनका वे बुरा हाल कर देती। सुमित और राहुल को कुछ समझ में नहीं आ रहा था कि क्या किया जाये? वे सन्न हो कर वहीं उसके कमरे में बैठे रहे। अब वहाँ का माहौल बहुत खराब हो चुका था, अब सारी आण्टी लड़कियाँ हमलोगों पर टूट पड़ी थीं, जिस से हम लोग यहाँ से निकल न पाये। अब ऐसा देखकर राहुल और सुमित की फिक्र करते हुए रूक गया और हंगामा शांत किया तथा बोला – "हाथ छोड़कर बात करो और बेतमीजी मत करो।" चिल्लाते हुए, वे सारी आण्टी लड़कियाँ दूर हो गयी और मैं चुपचाप जहाँ सुमित और राहुल बैठे थे वहाँ जाकर बैठ गया। मुझे वहाँ जाता देख आशीष भी आया और वह भी वहाँ आकर बैठ गया वे लड़के और लड़कियाँ दरवाजा बंद कर लीं। मैंने हार मान लिया, क्योंकि अपने दोस्तों को अकेला छोड़कर नहीं जाना चाहता था तथा वहाँ की आण्टी लड़कियाँ बिल्कुल अक्रामक हो चुकी थीं तथा अपने शिकार को वापस जाता देख वे जान लेने के हद तक भी जा सकती थीं और कोई न कोई हमारे सर पर वार करने वाली भी थीं, तब तक मैं समझदारी से काम लिया और एक पल में मामला शांत कर दिया। हम लोग वहाँ से निकल जाते, अगर राहुल और सुमित जो इतने 'न्यूट्रल' ना होते। पर अब तो हम लोग आण्टी के शिकार थे और उनका शिकार होना मंजूर कर चुके थे।

***

अन्दर वे दोनों लड़के और आण्टी लड़की हम लोगों का एक–एक कपड़ा उतरवां दी और हर जगह पैसों की तलाशी करने लगी। एक–एक जेब चेक कर डाला पर उनको हम एक–एक में से तीन सौ

रूपये से ज्यादा कुछ नहीं मिला। हम लोग पहले से ही अपने पास तीन सौ रूपये मात्र ले गये थे और महंगे समान कमरे पर ही छोड़ दिये थे। मेरे पर्स की एक–एक जगह की तलाशी ली गयी। वे आम दुनिया से इतने अलग थे कि उनको बहुत सी चीजे पता ही नहीं थीं। जैसा कि मेरे पर्स में कुछ कार्ड और 'वोटर आई कार्ड' था जिसे वह पूछ रही थी कि – ''यह क्या है, तो यह क्या है?'' पैसे न मिलने पर वह झल्ला कर बोली – ''इस कार्ड को तोड़ो तथा इस 'वोटर आई कार्ड' को फाड़ दो।'' अब मैं उनसे बिनती करने लगा– ''यार, यह तो कार्ड है, इसको तोड़ने और फाड़ने से क्या मिलेगा?'' – ''जितने पैसे थे, वह तो तुमने ले ही लिया, अब क्या चाहिए, अब जाने दो यार।'' मुझे उन पर दया आ गयी कि बेचारी इनके पास कोई आता ही नहीं है तो ये भला क्या करे और कोई आयेगा भी तो इनकी शक्ल देखकर भाग जायेगा, तो ये सब करना इनकी मजबूरी है। क्योंकि आज कल हर खराब आदमी भी अच्छी लड़की ही चाहता है।

उन्हें पता था कि हम जैसो के पास कोई आना ही नहीं चाहता है तो वे इस धोखे का सहारा ली हुयी थीं और एक बार में ही जितना हो सके, फसे हुए शिकारी से कमा लेना चाहती थीं। लेकिन उसकी उम्मीद से कम पैसे हाथ लगे थे जोकि पूरे बारह सौ रूपये थे। वह हम लोगों की निगाहों में कम था पर वह बारह सौ, सौ रूपये के नोट थे। वह उन पैसों को गिनते हुए झल्ला कर बोली– ''सारा पैसा अपने 'पिछ्वाड़े' में डाल कर यहाँ चले आते हैं।

उसकी यह बात सुनकर दिमाग बहुत खराब हुआ, पर उनकी इस स्थिति को सोच कर मैं चुप रहा और मैं अभी भी एक सौ का नोट छिपा कर रखा था, जहाँ से वे ढूँढ़ नहीं पाये थे। मैं उसको बाहर निकाला और बड़बड़ाते हुए उसके हाथ में थमाया– ''तू इस सौ रूपये के लायक भी नहीं है।'' उसे कुछ समझ में नही आया कि मैं क्या बोला रहा हूँ लेकिन वह बहुत खुश हो गयी। मैं उससे बोला– ''क्या अब हम लोग जाये?'' वह बोली– ''चूप–चाप बैठ।'' ''ज्यादा शांड़ा मत

बन।'' मैं वहाँ बैठ गया। वह उन पैसों में से दो–दो सौ रूपये उन दोनों दल्लों को दी तथा वे दोनों पैसे पाकर खुश हो गये और मुझसे बोले– ''परेशान मत हो और अभी चुपचाप बैठे रहे।''

उनका यह अच्छा व्यवहार देखकर मैंने उनसे बोला–''भाई, पच्चास रूपये दिला दे। जाने के लिए एक भी रूपया नहीं है।'' वह मेरे ऊपर विश्वास करते हुए, उससे पैसे देने के लिए बोले तो वह बोली– ''अभी तू यहाँ से सही सलामत वापस जा रहा है, नहीं तो हम लोग कपड़े–वपड़े फाड़ कर यहाँ से वापस भेजते हैं।'' ''तू अच्छा लड़का समझ में आता है तो पच्चास रूपये वापस दे रही हूँ।'' इतना सुनाने के बाद वह पच्चास रूपये अपने 'ब्लाऊज़' से निकाल कर मुझे दी और बोली – ''चुपचाप बाहर बैठे रहो, अभी आती हूँ।'' मैं उन पच्चास रूपयों को अपनी जेब में रखा और कमरे से बाहर आकर बालकनी में बैठ गया। वे दोनों लड़के अब दोस्त की तरह व्यवहार कर रहे थे। वे ''बाय'' बोले और इशारा करते हुए – ''मस्त माल है, पूरे मजे लेकर जाना।'' इतना कहते हुए वे फिर किसी दूसरे शिकार की तलाश में चल दिये। हम लोग वहाँ एक इज्जत लूटे हुए लड़के की तरह बैठे थे और इंतजार कर रहे थे। वे लड़के बोले – ''मस्त माल है।'' तो मैं सोचा, वे पैसे तो पूरे निकलवा दी, अब लगता है अपनी लड़की लायेगी। हम लोग इंतजार करते रहे और वहाँ का नजारा देखते रहे। हम लोगों की तरह वहाँ पर कई और शिकार आये और उनको भी कमरे में बंद करने के बाद सारा पैसा, कीमती समान निकलवा लिया गया। मुझे अपने ऊपर हँसी आ रही थी और मैं लूटे जाने के बाद भी खुश था तथा उस 'मस्त माल' का इंतजार कर रहा था। वहाँ एक दूसरे को देखकर लोग मजे ले रहे थे और लड़कियाँ फ्रस्ट्रेटेड होकर तथा ज्यादा पैसे नहीं निकलने पर 'पैंट–शर्ट' फाड़ दे रही थीं। उन बेचारों से हम लोगों की अच्छी स्थिति थी।

दस मिनट बाद वह मुझे बालकनी में दिखाई दी तो मैं उससे कुछ कहने की कोशिश किया पर वह कहने से पहले ही मुझे बोली –

''चुपचाप बैठ।'' मैं फिर शान्त हो गया और सोचा चलो थोड़ा और इंतजार करते हैं। आशीष, राहुल और सुमित बिल्कुल शान्त बैठे थे। मानों उन्हें साँप सूंघ गया हो। मैं उस आण्टी लड़की से बोला– ''मुझे देर हो रही है, हम लोग जा रहे हैं, हमें नहीं चाहिए मजे–वजे।'' वह झल्लाकर बोली– ''पैसे दिया है तू तो मजे कौन लेगा, ऐसे तू यहाँ से कैसे चला जायेगा?'' इतना कहते हुए वह बालकनी में गयी और बोली– ''चलो आओ।'' हम लोग उसके पीछे–पीछे अन्दर एक कमरे में गये, जो की वह एक छोटा सा कमरा था और एक 'तख्ता' तथा एक 'डस्टबिन' और ऊपर धीरे–धीरे एक पंखा चल रहा था तथा एक सस्ता सा बल्ब लटक रहा था। जिसमें हल्की सी चमकती हुई बिजली दिखायी दे रही थी।

वहाँ का नजारा देखकर समझ में आ रहा था कि किसी 'भूत बंगले' में आ गये हों, जहाँ की ये 'आण्टीलड़की' रानी थीं और इनका जीवन इसी तरह धूमिल और अंधकारमय था। मैं बार–बार 'आण्टीलड़की' का जिक्र कर रहा हूँ। इसका मतलब है कि – 'वह लड़कियाँ कँवारी तो हैं पर आण्टी की तरह दिख रही थीं।'

वह उस 'तख्ते' पर जा कर बैठ गयी और बोली ''आ जाओ।'' अब सारा कन्फ्यूजन दूर हो गया कि वह – 'मस्तमाल' यह आण्टी लड़की ही है और कोई नहीं। सारा बना बनाया मूड खराब हो गया और उसके पास जाने का भी मन नहीं कर रहा था। उसमें भी हम चारों दोस्त एक ही कमरे में, एक ही आण्टी के पास थे। वह भी दरवाजा बन्द नहीं था। मैं थोड़ा दरवाजे के फाटक को हाथ से मार कर चपका दिया, जिससे बाहर के माहौल से शान्ति का एहसास हुआ। वह लेटते हुए बोली– ''ओय चल, जल्दी आ, यहाँ इतना टाइम नहीं है और खाली–पीली समय बर्बाद मत कर।'' इतना सुनकर मूड और झण्ड हो गया। थोड़ी देर बाद वह दानव भी प्यारी लगने लगी और उस 'आण्टी दानव लड़की' पर प्यार आने लगा और उसका गाल चुम्बने का मन करने लगा। जब मैं 'प्यार' करते वक्त अपना मुँह उसके

गले के पास ले गया और उसके गालों को 'चुम्बना' चाहा तो वह बोली– ''अबे! सांप की तरह 'फूँकार' क्यों रहा है?'' ''क्या फूँ–फूँ किये जा रहा है?''– ''चल मूँह उधर कर।'' उसकी बातें सुनकर दिमाग एक जगह एकत्रित नहीं हो रहा था और उसकी बातों पर हँसी आ रही थी। कुछ समय बाद मुझे उस महान आण्टी से छुटकारा मिला और सारा लूट का पैसा वसूल हो गया।

अब आशीष वहाँ गया। मेरी तरह उसकी भी प्रोब्लम थी। वह भी समझ नहीं पा रहा था कि 'क्या करे' तो उसे भी दो बातें सुननी पड़ी कि – ''अबे! साँप की तरह लेटा क्या जा रहा है?'' वह उसके इस बात से गुस्से में था तो वह थोड़ा जोड़ लगाया तो वह बोली – ''ओय, जोड़ क्यों लगा रहा है?'' ''अभी तेरे को बताऊँगी, अभी तेरे मूँह पर मारूँगी, खून निकल आयेगा।'' वह उसे मना करती रही। लेकिन वह मानने के लिए तैयार नहीं था और वह सारा खुन्नस निकाल रहा था। मैं बात को बिगड़ता देख, उसे मना किया तो वह मान गया। इस तरह उसके बाद राहुल और सुमित गये। फिर अन्त में वह मुझसे और पैसे मांगने लगी– ''ओय! चल पैसे निकाल।'' अब मैं बड़े प्यार से समझाया कि – 'पैसे नहीं है', वह मानने के लिये तैयार नहीं थी और जो वह पच्चास रूपये दी थी, वह भी लेने के चक्कर में पड़ गयी थी। अगर मैं पैसे दे देता तो हम लोग वहाँ से वापस कैसे आते? मेरे बहुत मक्खन लगाने के बाद वह मानी। ये सब आशीष की वजह से हुआ था तथा उसके जोर लगाने के चक्कर में हम लोगों को ऐड़ी–चोटी का जोर लगाकर पैदल–पैदल कमरे पर आना पड़ता। अब हम लोग मुक्त हो चुके थे और वहाँ से जा सकते थे। हम लोग रास्ते भर इन सब चीजों पर बातें करते हुए वापस आ रहे थे।

उस वक्त एक सच्चायी सामने आयी कि राहुल कुछ नहीं कर पाया। जैसे ही वह उसके पास गया, वह शान्त हो गया। तो वह 'आण्टी लड़की' झल्ला कर उसे धक्का देते हुए बोली – ''भाग, तू किसी काम का नहीं है।'' उस वक्त तो हम लोगों ने ध्यान नहीं दिया

क्योंकि हम लोग परेशान थे लेकिन वापस लौटते वक्त उसका खूब मजाक बना। आशीष उससे ज्यादा मजे लेता और सुमित थोड़ा कम लेकिन दोनों का अब जब भी मूड होता तो वे 'अण्टी लड़की' की बातों को दुहराना कि– ''अबे! जोड़ क्यो लगा रहा है?'' ''साँप की तरह लेटा क्या जा रहा है?'' ''साँप की तरह फूँ–फूँ क्या कर रहा है?'' कहकर एक दूसरे को चिढ़ाते थे तथा सुमित और आशीष, 'राहुल' के लिए बोलते– ''भाग, तू किसी काम का नहीं है।'' हम लोगों पर इसका असर नहीं होता, यह केवल मजाक समझ में आता था परंतु राहुल इसे मजाक नहीं समझता, उसके लिए यह समस्या बनने लगी थी।

18

पश्चाताप और सीख

इससे पहले जब हम लोग पहली बार वहाँ गये थे तो ऐसा कुछ नहीं हुआ था तो कुछ समझ में नहीं आया पर ये जो हुआ इस घटना से बहुत कुछ सीखने के लिए मिला और यह प्रश्न सामने आया कि – हम पुरूषों की वजह से किसी लड़की या औरत को कालकोठरी की जिंदगी जीनी पड़ती है या किसी लड़की और किसी औरत की वजह से हम पुरूषों को 'बदनाम' किया जाता है? प्रश्न का उत्तर तो मुझे बाद में मिला पर मैंने यह अपने आप से कान पकड़कर वादा किया कि ऐसी जगह अब तीबारा नहीं जाऊंगा। क्योंकि 'डिमांड' पर चीजे बनती हैं, यानी हम खरीदार हैं तो वह बिक रही हैं। इस बात को यहाँ बताने का मेरा उद्देश्य सिर्फ यही है कि अगर मेरे इस विचार से एक भी लती पुरूष वहाँ जाना बंद कर दे तो मैं मानूँगा कि एक लड़की की डिमांड कम हो गयी और एक लड़की बाजारू बनने से बच गयी। चलो हमने माना कि बाजारू औरतों की वजह से हम पुरूष बदनाम हैं तो अगर हम खरीदारी न करे इन बाजारू औरतों की तो भी एक लड़की या औरत बाजारू होने से बच जायेगी। यहाँ इस खेल में, हिसाब ये है कि पुरूष पर ही औरतों का बाजारू बनना और डिमांड का बढ़ना या घटना निर्भर है।

मैं पहले ये मानता था कि अगर लोग ऐसी जगहों पर जायेंगे नहीं तो उनका पेट कैसे भरेगा और अगर ग्राहक नहीं आयेंगे तो उनके पास पैसे कहाँ से आयेंगे जैसा कि मेरे साथ पहली बार हुआ था कि एक लड़की भूखी थी और उसके पास ग्राहक नहीं आ रहे थे तो मैंने कुछ पैसे दिया। लेकिन अगर मैं पैसे नहीं देता तो वह शायद कोई और काम करती, इस प्रकार वह देह व्यापार छोड़ देती पर मुझ से भूल हो गयी। ये बात मुझे अब समझ में आयी, जब यह लूट वाली घटना कोठे पर घटी, वैसे भी इनके पास जब तक जवानी होती है तब तक ही ये काम हो पाता है लेकिन बुढ़ापे में काम तो मेहनत का ही करना पड़ता है।

इनका जीवन बिल्कुल आम लोगों के जीवन से अलग है क्योंकि एक साधारण व्यक्ति जवानी में परिश्रम करता है और बुढ़ापे में आराम लेकिन इनके साथ ऐसा नहीं होता, जवानी में कष्ट झेलना पड़ता है तथा बुढ़ापे में भी परिश्रम। इनके जीवन में आराम तो होता ही नहीं है। जो पैसे वे कमाती हैं उनका पूरे जीवन में उपयोग भी नहीं कर पाती हैं, कुछ कोठे पर बाई ले लेती हैं और जो बचे–खूचे होते हैं वह 'दलाल' दलाली में खा जाता है। खुद तो बाजार करने जा नहीं सकती तो दलाल, दस रूपये के सामान को सौ बताता है। इनका तो मतलब सिर्फ पेट पालने से होता है, बाहर की दुनिया से इनका कोई संबंध नहीं है।

इस प्रकार पुरूष अपने ऊपर कंट्रोल कर ले और यहाँ आना बंद कर दे तो बहुत सी औरतों और लड़कियों का जीवन बच जायेगा तथा इनके जीवन में भी रोशनी आ जायेगी। इस तरह जो लोग समाज को गंदा कर रहे हैं और बेचारी लड़कियों और औरतों को इस आग में झोंक रहे हैं, वे भी अपने रास्ते बदल लेंगे और परिश्रम करना शुरू कर देगें।

***

लेकिन एक समस्या फिर सामने उभर कर आयेगी, वह ये कि जितने बलात्कारी पुरूष हैं, वे रोड चलती लड़कियों और औरतों को परेशान करेगें। बलात्कार की दर बढ़ जायेगी और आय दिन बलात्कार होंगे। हमनें सुना है कि– 'सऊदी अरब में जब कोई बलात्कार करता है तो उसकी अच्छी तरह पूछताछ की जाती है और दोषी व्यक्ति को जुमे (शुक्रवार) के दिन मस्जिद पर उसकी बली चढ़ा दी जाती है और इस 'बली' का एम.एम.एस. पूरे सऊदी वासियों को भेजा जाता है। जैसे ही वह अपना मोबाईल एस.एम.एस. देखने के लिए 'ओके' का बटन दबाता है तो उस बलात्कारी का एम.एम.एस दिखता है जो जूमे वाले दिन 'बली' दी गयी थी।'

इस तरह उस इन्सान के मन में दहशत पैदा हो जाती है और वह अपने पूरे जीवन में बलात्कार जैसा घिनौना पाप करने की कोशिश नहीं करता है। इसका मतलब ये है कि इस समस्या का हल भी है, वह यह कि बलात्कारी पुरूष को इतनी कड़ी सजा मिलनी चाहिए कि उसको देखकर कोई भी ऐसा करने से पहले हजार बार सोचे। लेकिन यहाँ 'भारत वर्ष' में ऐसा हो ही नहीं सकता। क्योंकि हमारी सरकार एक कड़ा कानून बनाना मजाक समझती है और आम आदमी इसके लिए आंदोलन करता है तो उसको पागल समझती है तथा आंदोलन की जगह लाठी खानी पड़ती है। बेचारे आम लोगों की बहू–बेटियाँ आये दिन इस बीमारी का शिकार होती चली जा रही हैं। 'फिल्म सेन्सर बोर्ड' की कैंची उन अश्लील सीन पर चल सकती है पर इस तरह के बलात्कारी पुरूष पर नहीं। उनको तो उस वक्त पता नहीं चलता कि हम क्या करने जा रहे हैं तथा बलात्कार करने से पहले पता चल भी गया कि हम बलात्कार करने जा रहे हैं तो वे ये सोचते हैं कि पुलिस आयेगी, पकड़कर ले जायेगी फिरं छोड़ देगी, क्योंकि मेरे पिता तो ये हैं, वो हैं या इससे ज्यादा क्या होगा 'मुझे चार–पाँच साल के लिए जेल जाना पड़ेगा।' मतलब वह इसको हल्के में लेकर बलात्कार जैसी क्षणिक और घिनौना काम कर देता है। यह दो मिनट का जुर्म कईयों

की जाने ले लेता है। इसके साथ वह शिकार हुई लड़की जिसका कोई दोष नहीं था, बेचारी या तो उसी समय मर जाती है या पूरी जिंदगी इसको सोचकर मरती रहती हैं तथा लड़की के घरवालों का भी यही हाल होता है और उस बलात्कारी पुरूष के घरवाले उसे प्यार तो बहुत करते हैं लेकिन समाज की लाज–लज्जा वस, उससे घृणा दिखाते हैं कि – "वह इतना घिनौना काम कैसे कर सकता है?" इसके साथ ही साथ पूरी जिंदगी अपने बेटे की याद में घुट–घुट कर मरते रहते हैं। इस तरह एक ऐसा कड़ा कानून होता तो सभी इस चीज से डरते और सबका जीवन बच जाता।

इसका मतलब ये कि ये कड़ा कानून लोगों को मारने के लिए नहीं बल्कि लोगों को बचाने के लिए किया जा रहा है लेकिन हमारी सरकार को ये समझ में नही आता और वह ऐसा करने से साफ मना कर देती है। आजीवन कारावास का क्या मतलब, वह बलात्कारी पुरूष गलती करेगा और पूरी जिंदगी जेल में मजे करेगा।

ना तो वहाँ कोई टेंशन है और ना ही किसी चीज की जरूरत। ना तो उसे वहाँ किसी की चिंता करनी, क्योंकि अगर उसे चिंता होती तो वह ऐसा करता ही नहीं। लेकिन उसकी वजह से तो कईयों कि जिंदगी बर्बाद हो गयी और वे लोग जो बलात्कार के शिकार होते हैं, कैद की जिंदगी नहीं होते हुए भी हर रोज मरते हैं। इस प्रकार या तो हमारी सरकार चाहती है कि ऐसे ही लोग मरे या तो कभी इतिहास में उनके घर की बहू–बेटियों का बलात्कार नहीं हुआ है। अगर हुआ होता तो हमारी सरकार इस बात को एक गंभीर समस्या मान कर विचार करती और हमारे पास हमें बचाने के लिए एक कड़ा कानून होता, ना की मारने के लिए। मरते तो हम तब हैं जब ऐसा कर लेते हैं, पर ऐसे ही बली देने की प्रथा होती तो हम ये कर ही नहीं पाते और हमारे साथ, हमारे चाहने वालों की भी मुस्कान हमेशा चेहरे पर बनी रहती। कोई इन्सान एक टाइम बगैर खाना खाये, बगैर सुख–सुविधा में आराम से चैन की नींद सो सकता है लेकिन जिसके 'बहन–बेटी'

की इज्जत चली जाय, उन्हे लाख सुख–सुविधा होने के बावजूद भी नींद नहीं आयेगी। हम अपनों को एक टाइम भूखा देख सकते हैं। बिजली के बगैर अंधेरे में सो सकते हैं, पक्की सड़क ना सहीं, कच्ची सड़क पर अपनी गाड़ी दौड़ा सकते हैं, लेकिन अपने बहू–बेटियों की इज्जत जाता नहीं देख सकते। हम आम लोगों को विकास बाद में चाहिये, लेकिन 'सुरक्षा' पहले चाहिये क्योंकि आजकल बलात्त्कारी पुरूष, बाहर की बात छोड़ो, वह घर में ही है जैसा कि हम रोज समाचार सुनते हैं और अपने सीने पर हाथ रखकर चींता करते हैं।

मुझे पता है कि मेरे इस इतिहास वाली बात से बहुत लोगों को नाराजगी होगी और वे इस बात को अपमान जनक बतायेंगे लेकिन ये सत्य है और सत्य हमेशा कड़वा होता है और अपमानजनक विचार बताने वालों को शर्म आनी चाहिए और वह कुछ कर नहीं सकते तो कम से कम उनको अपना मुंह बंद रखना चाहिए। क्योंकि शायद कोई अच्छी सरकार, अच्छा इंसान इस बात को समझे और अमल करे।

19

राहुल बीमार और निराश तथा आशीष बना शिकार

''आज साईट पर काम ज्यादा है''– आशीष मुझसे बोला। मैं जवाब दिया– ''तो अच्छा ही है, आज नाईट काम लगेगा और तुमको फिर अय्याशी का मौका मिलेगा।'' वह यह बात सुनकर पहले की तरह इतना ज्यादा खुश नहीं हुआ, जितना नाईट काम के लगने पर खुश होता था। इस बार उसको मेरी ये बातें बुरी लगी और वह इस बात से चिड़चिड़ापन महसूस किया। मुझे यह महसूस हुआ कि उसको ये बातें अच्छी नहीं लगी। मैं उसका शकल देखा तो वह बहुत ही उदास था तथा परेशान था। मैं उससे पूछा – ''क्या हुआ जो आज इतने उदास हो?''

आशीष धीमी आवाज में जवाब दिया – ''कुछ नहीं।''

''आज काम करने का मन नहीं कर रहा हैं, मैं सोच रहा हूँ जल्दी काम खत्म हो तो कमरे पर चला जाये लेकिन आज तो काम बहुत ज्यादा है।''

मैं उसको समझाते हुए– ''अरे यार! काम करने का मन नहीं है तो जा किसी कोने में बैठकर थोड़ा आराम कर ले।'' वह मेरी बात मान गया और एक सुरक्षित जगह पर जा कर बैठ गया, जहाँ किसी की नजर बहुत मुश्किल से जाती थी।

थोड़ी देर बाद मैं उसको देखने उसके पास गया। वह वहाँ अपने सर पर दोनों हाथ लगाये बैठा हुआ था। मुझे समझ में नहीं आ रहा था कि वह वहाँ क्या कर रहा है? मैं उसके पास गया और बोला– ''ठीक हो?'' वह कुछ जवाब नहीं दिया। मैं थोड़ा घबराया और फिर उससे बात करने की कोशिश की पर जवाब में वह सिर्फ मुझे देख रहा था, उसकी आंखें भी उसकी जुबान की तरह साथ नहीं दे रही थी और वह थोड़ी खुली आँखों से मुझे देख रहा था। मुझे हैरान देखकर राहुल और सुमित भी वहाँ आ गये। वह भी मेरी तरह उससे बात करने की कोशिश कर रहे थे पर उन्हे भी जवाब में कुछ नहीं मिला। मैं उसके सिर पर हाथ रखा तो मुझे महसूस हुआ, उसका शरीर जल रहा था और वह इसे महसूस भी नहीं कर पा रहा था कि उसको बहुत तेज बुखार है। देखते ही देखते वह वहाँ बेहोश हो गया। उसको बेहोश होता देख राहुल शोर मचाने लगा और हम लोग जल्दी–जल्दी उसे वहाँ से नीचे उतारे तथा एक साहब को बताये। वह तुरंत अपनी गाड़ी निकाले और एक हॉस्पिटल में ले गये। वहाँ पर उसे डॉक्टरों ने तीन–चार इंजेक्शन लगाया और बताया कि– ''घबराने की कोई बात नहीं है, अब ये जल्दी ठीक हो जायेगा, हमने इसे बुखार का इंजेक्शन लगा दिया है।'' पर मुझे ये समझ में नहीं आया कि एक बुखार के लिए तीन–चार इंजेक्शन। मैं डॉक्टर से पूछा– ''ऐसा क्यो?'' तो उन्होनें मुझे बताया कि– इसे एक सौ तीन डिग्री बुखार है तो इसके लिए कई तरह का इंजेक्शन देना पड़ता है जिससे डिग्री जल्दी कम हो जाये और कोई परेशानी ना हो। वह साहब वापस गाड़ी लेकर आ गये और हम लोग उसके ठीक होने का वहाँ पर इन्तजार कर रहे थे। एक घण्टे बाद वह कुछ ठीक हुआ और अब वहां से वापस जा सकते थे। इस

दौरान डॉक्टर ने उसका खून जांच कराया और बोला रिपोर्ट दो घण्टे में आ जायेगी। इस वजह से हम लोगो को वहाँ और एक घण्टे तक रूकना पड़ा। लगभग जब दो–ढ़ाई घण्टे हुए तो मैं पता करने गया कि रिपोर्ट तैयार हुई कि नहीं।

मैं रिपोर्ट वापसी काऊण्टर पर गया और पूछा। वहाँ बैठी एक मैडम कुछ कागज देखकर बोली – "हाँ अभी आप को रिपोर्ट मिल जायेगा।"

मैं खुश हुआ और सोचा– "चलो यहाँ से जल्दी छुटकारा मिल जायेगा।" वैसे मैं हॉस्पिटल में ज्यादा देर तक रूकना नहीं चाहता और ना ही हॉस्पिटल का कभी मुँह देखना चाहता हूँ। मुझे डर लगता है और मैं भगवान से हमेशा बिनती करता हूँ कि किसी को हॉस्पिटल का चक्कर न लगाना पड़े। वह मुझे वहां थोड़ी देर बैठने के लिये बोली। मैं वहां चेयर पर बैठ गया। वह अन्दर गयी और एक मिनट बाद वापस आयी तथा बोली–"आप आशीष के कौन हैं?" मैं बोला–"मैं उसके साथ हूँ, हम लोग साथ में ही रहते हैं।" वह बोली – "ठीक है, आप से डॉक्टर साहब मिलना चाहते हैं।" मैं अन्दर गया। वह रिपोर्ट अपने हाथ में लिये कुछ देख रहे थे। मुझे देखकर वह बोले–"आप बैठिये।" मैं वहां सामने वाली कुर्सी पर बैठ गया। वह मुझे देखकर बोले–"आप आशीष के कौन हो?"

मैं जबाब दिया–"वह मेरा दोस्त है, हमलोग साथ में ही रहते हैं।"

वे कुछ सोचने के बाद बोले–"देखो बेटा, घबराने की कोई बात नहीं है। टेस्ट में 'एच. आई. बी.' पॉजीटिव निकला है। यह स्टार्टिंग स्टेज को थोड़ा सा पार कर चुका है पर अगर अभी से इसका इलाज किया जाय तो कुछ बेहतर होगा।" उनकी बात सुन कर मेरे होश उड़ गये और मैं सन्न रह गया। मैं बिल्कुल शान्त था, कुछ समझ में नहीं आ रहा था कि जबाव में क्या बोलूँ। मैं थोड़ी देर बाद बोला–"ठीक है

सर।'' ''इसका इलाज तो जरूरी है, पर यहां पर, इतने पैसे कहां से आयेंगे।''

''हम लोग एक 'मजदूर' हैं और इसका इलाज सरकारी अस्पताल के अलावा कहीं और नहीं करा पायेंगे।'' वे मेरी बातों से बिल्कुल सहमत थे और ''ऑल द बेस्ट'' बोले, मैं रिपोर्ट लिया और वापस आशीष के पास गया। मुझे इस तरह खामोश देखकर सुमित बोला–''अब तुमको क्या हो गया? तुम इतने परेशान क्यों हो?'' मुझे कुछ समझ में नहीं आ रहा था कि मैं क्या बोलूँ पर मैं हमचारों के अलावा, ये बात भला किसकों बताता?

मैं रिपोर्ट आशीष के हाथ में पकड़ाते हुए बोला ''आशीष टेस्ट में एच.आई.वी. पॉजीटिव आया है।'' वह रिपोर्ट हाथ में पकड़ते हुए मुस्कराने लगा और उसे देखा। कुछ सोचने के बाद वह जोर–जोर से हंसने लगा और हंसते हुए बोला– ''हसिनों ने मरवा दिया और साथ में ये फ्री एच.आई.वी.।'' वह बहुत खुश हुआ और बोला– ''भाई अब मेरा यहाँ से जल्दी ऊपर जाने का जुगाड़ हो गया। अब मैं जितनी देर इस धरती पर रहूँगा, एक–एक पल का मजा लूँगा।'' उसके खुशी का ठिकाना नहीं था, मानों उसे एच.आई.वी. नहीं कोई हीरे का खजाना मिल गया हो। वह, हम लोगों को दुखी देख, हमसे बिनती किया– ''अब तुम लोग मेरा मुड खराब मत करो और मैं जितनी देर साथ में हूँ, मुझे मजे करने दो, खुशियाँ मुझे द्रोनों हाथों से बटोरने दो, क्यों कि मेरे पास समय कम है और मुझे ज्यादा मजे करना है, ज्यादा जीना है।'' उसकी बात सुनकर मेरा मुड ठीक हुआ और मैं उसकी भावनाओं को समझ सकता था।

मैं उससे बोला– ''तू पैसे बचाने के चक्कर में अपने आप को सुरक्षित नहीं किया।'' वह मेरे ऊपर दया दिखाते हुए बोला– ''अगर सुरक्षित किया होता तो इतनी जल्दी–जल्दी जीने की जरूरत नहीं होती, आराम से बहुत सारा मजे करता और हंसने लगा।'' उसे इस

बात का कोई दुख नहीं था, जितना हम तीनों दुखी थे।

वह हम लोगों को बताया – 'यार वो शामली' इतनी सुंदर है कि जब उसके साथ कुछ करने का मौका मिला तो उस दिन कुछ होश नहीं था पर मैं ये मौका गवाना नहीं चाहता था और उसी दिन से धीरे–धीरे मेरी तबीयत में खराबी आने लगी। पर क्या अब तो उसने जिंदगी छोटा कर ही दिया है लेकिन अभी बहुत जीना है।''

मैं उसको धक्का देते हुए– ''तू भी पागल है, तुमकों ये बात समझ में नहीं आयी कि वह कैसी लड़की है और उसका कैसे–कैसे और कितनी के साथ संबंध होगा। वह ज्यादा सुन्दर है तो उसके सम्बन्ध भी ज्यादा होंगे और उसके साथ बिना सुरक्षा के एच.आई.वी. के चांस भी ज्यादा है।'' वह मुझ से बोला– ''अब तो भूल हो ही गयी है तो क्यों ना जैसे–जैसे मौत के करीब पहुंचा जाये, अपने खाते में मस्ती और मजे की बढ़ोत्तरी किया जाये।''

सुमित बोला– ''यार तू मरने वाला है और मजे की बात कर रहा है।''

अशीष, सुमित को समझाते हुए– ''देख जिंदगी क्या है? मैं बताता हूँ।'' ''जिंदगी जीने के लिए है ना कि हर पल मरने के लिए। हम लोग भगवान के पास से धरती पर एक टूरिस्ट की तरह आये हैं और फिर चले जायेंगे। बस फर्क है तो सिर्फ इतना कि टूरिस्ट दो–तीन दिन या दो–तीन महिनों के लिए आते हैं लेकिन हम लोग भगवान के पास से साठ–सत्तर साल के लिए आये हैं और फिर चले जायेंगे।

जरा सोच जब हम कहीं घूमने जाते हैं तो अपनी सारी टेंशन घर पर ही छोड़ कर जाते हैं और वहाँ पर पूरा मजे करते हैं। किसी की बातों को इतना ध्यान नहीं देते कि उससे कोई टेंशन पैदा हो और ना ही किसी लड़ाई–झगड़े में पड़ना चाहते हैं और इस तरह यह धरती

भी तो एक 'टूर स्थल' है, हम लोग यहाँ घूमने आये हैं और फिर चले जायेंगे तो इस तरह का टेंशन क्यों लेना और किसी से किसी तरह का लफड़ा क्यों पालना? जाना तो सभी को है, किसी को आगे तो किसी को पीछे, तो क्या मोह–माया में पड़ना। बस यहाँ पर थोड़ी खुशियां और थोड़े पैसों की जरूरत है, ना कि दुनिया भर के टेंशन और फालतू के लफड़ों की।''

आशीष की बातें सुमित बहुत ध्यान से सुन रहा था और वह भी पीछे से दूहराया–''थोड़ी खुशियां, थोड़े पैसे।'' मैं समझ गया कि सुमित को आशीष का प्रवचन अच्छा लग रहा है। मैं सुमित से पूछा–''पूरी बात समझ में आ गयी।'' वह अपना सर हिलाया और बोला – ''हां''। ''समझ में आ गयी और आज के बाद मैं टेशन नहीं लूंगा और ना ही किसी से झगड़ा करूंगा, सबको प्यार भरे निगाहों से देखूंगा, सब की सहायता करूंगा और उदारता से सबके साथ पेश आऊँगा।'' उसकी बात सुनकर हम लोगों के दिल में भी ऐसी ही भावना आयी और राहुल भी सुमित की तरह अच्छा व्यवहार करने के लिए वादा किया।

सुमित मजाक करते हुए आशीष से बोला– ''अब तू आराम से मर सकता है, हम लोगों को कोई टेंशन नहीं है।'' उसकी बात सुनकर हम सभी हंसने लगे। वास्तव में हम लोगों को चिंता नहीं करनी चाहिए क्योंकि हमारी टेंशन, आशीष को ठीक नहीं कर सकती थी।

20

आशला से मिलन और दूरी

अब समय बदल चुका था। हम लोग जब तक एक दूसरे से बातें नहीं करते कुछ अच्छा नहीं लगता था। बातें करना तो आम बात हो गयी थी, हर पल उसको देखने का मन करता था और हमेशा उसके पास, उसके साथ रहने का मन करता था। आशला की ख्वाइशें इससे भी ज्यादा थीं। वह हमेशा मेरे बाहों में रहना चाहती थी। पर समझ में नहीं आता कि ऐसी कौन सी जगह है, जहाँ पर केवल मैं और आशला हों। दिल्ली जैसी चहल–पहल वाले इलाके में तो ऐसी कोई जगह नहीं दिखायी देती थी। पार्क तो हमेशा प्रेमियों से भरा रहता था और मेरी अन्य जगहों से पहचान कम थी। मेरे ख्याल से ऐसी जगह एक बंद कमरा ही हो सकता था। वह भी आशला के घर जाकर तालाश कर चुके थे। वहां पर भी उसकी बहन खामोशी भंग करने के लिए मौजूद थी। इस वजह से उसका घर हम लोगों के निशाने पर नहीं था। हम दोनों एक दूसरे के इतने करीब आ चुके थे कि एक–दूसरे के बगैर एक पल भी रहना मुश्किल था। मैं उसको जितना प्यार करता था उससे कहीं ज्यादा प्यार, वह मुझे करती थी। हम लोग हमेशा एक–दूसरे के बारे में सोचते रहते थे और एक साथ जिंदगी गुजारने की प्लानिंग भी

करते रहते थे। लेकिन मुझे ये नहीं समझ में आता कि ऐसे समय में लोग हमेशा शांत और सुनसान जगह ही क्यों तलाशतें रहते हैं? बहुत सोचने के बाद मुझे एक सुनसान जगह मिल ही गयी। वह सुनसान के साथ–साथ एक खंडहर भी था। वह था, मेरा कमरा जहाँ पर हम चारों रहते थे। मैं यह खुशखबरी आशला को दिया। वह थोड़ा हाँ, ना करती रही पर अंत में मेरे कमरे पर आने के लिए तैयार हो गयी।

अगले दिन मैं सुबह ही सुबह बीमार होने का बहाना किया और आशीष को बुलाया – ''आशीष......... आशीष'', वह मेरी आवाज सुनकर मेरे पास आया और मुझसे पूछा – ''क्या हुआ?'' मैं बहाने बनाते हुए– ''यार पेट में बहुत तेज दर्द हो रहा है, प्लीज कोई दवाई ला दो।'' वह घबरा कर बोला– ''यार अभी तो कोई दुकान भी नहीं खुली होगी।'' मैं उसको इतना परेशान होता देखकर बोला– ''कोई बात नहीं, अभी थोड़ी देर बाद जब दुकान खुलेगी तो ले आना, अभी मैं आराम करता हूँ तो ठीक हो जायेगा।'' वह मेरी बात मान गया और अपने काम में व्यस्त हो गया। इस प्रकार राहुल और सुमित को भी पता चल गया कि मैं बीमार हूँ पर मैं बीमार नहीं था और उनको अपने प्लान के बारे में कुछ भी बताना नहीं चाहता था। वे तीनो काम पर जाने की तैयारी करने लगे पर मैं सोया रहा। अंत में राहुल पूछा–''तुम काम पर नहीं चलोगे क्या?'' मैं आलस्यता से जवाब दिया– ''नहीं यार, मेरा मन नहीं कर रहा है और पेट दर्द भी अभी ठीक नहीं हुआ है।''

राहुल– ''अच्छा तो मैं अभी कोई दवाई ले आता हूँ।''

मैं – ''नहीं यार, तुम लोग काम पर जाओ, मैं जा कर चेक करवा कर दवाई ले आऊँगा।''

राहुल– ''ठीक है, दवा जरूर ले लेना।'' कहते हुए वे तीनों काम पर चले गये। अब मैं वहाँ अकेला था और जगह भी बिल्कुल सुनसान थी। मैं बहुत खुश था और जल्दी–जल्दी बाहर दुकान पर गया और आशला को फोन किया। वह भी वहां से निकलने ही वाली थी। मैं भी

जल्दी से कमरे पर आया और नहा धो कर तैयार हो गया। मैं पहले से ही उसको रास्ता बता दिया था और उसका इन्तजार एक चौराहे पर कर रहा था। मैं वहां खड़ा होकर चारों तरफ इधर–उधर देखता रहा। कुछ घण्टें बाद वह मुझे आती हुयी दिखायी दी। मन में इतना उत्साह था कि कई घण्टें इंतजार करना, आसान लगा। जैसा कि हमें इंतजार करना–'पत्थर तोड़ने जैसा काम' लगता है।'

मैं उसके पास गया और उसे अपने आप को दिखाने के लिए अपना हाथ उठाकर "हाय" बोला। वह मुझे देख ली और एक प्यारा सा मुस्कान दी, मैं और भी उत्साहित हुआ और बोला–"चलो जल्दी, नहीं तो कोई तुमकों देख लेगा।"

वह बोली– "यहां तो... मुझे शायद ही कोई पहचानने वाला होगा।"

मैं – "हाँ ठीक है, पर ......" कहते हुए चुप हो गया। वह मेरी बात मान गयी और मेरे साथ कमरे के लिए जरा तेज चलने लगी। मुझे थोड़ा शर्म लग रहा था ऐसे उसके साथ रोड़ पर चलने में तो मैं जल्दी–जल्दी उससे आगे चलने लगा। वह मुझे ज्यादा आगे जाता देख दौड़कर आयी और मेरा हाथ पकड़ते हुए बोली– "इतनी भी क्या जल्दी है कि मुझे छोड़ कर भागे जा रहे हो?"

अब मैं धीरे–धीरे उसके साथ चलने लगा और वह मेरा हाथ पकड़ कर मेरे साथ चलने लगी। थोड़ी दूर जाने के बाद मैं उससे अपनी परेशानी बता ही दिया कि "मुझे यहाँ रोड पर इस तरह हाथ पकड़ कर चलने में थोडी शर्म लग रही है, तो ....." वह मेरे शकल को घूरने लगी और परेशानी समझ गयी तथा मजाक करते हुए बोली – "मैंने सोचा तुम को कमरे पर पहुँचने की बहुत जल्दी है।" कहते हुए हंसने लगी और मेरा हाथ छोड़ दिया।

मैं उसके मजाक का मतलब समझ गया और मुझे भी हंसी आ गयी। थोड़े समय पैदल चलने के बाद हम दोनों उस मकान के पास पहुँच गये जहाँ पर हम लोग रहते थे। वहाँ पर जा कर, मैं उसको अंदर आने के लिए बोला। वह चौक गयी और बोली– "यहाँ कहाँ घुसे जा रहे हो?" वह कुछ और सवाल कर पाती कि मैं उसका हाथ पकड़ कर अंदर खिंचते हुए बोला– "यार पहले अंदर तो आओ, सवाल–जवाब बाद में करना, वरना कोई हमें यहां देख लेगा। वह मुह बनाती हुई अंदर आ गयी। मैं उसे अपने कमरे में ले गया और बैठने के लिए बोला। वह बोली – "अब तो बताओ कहाँ ले आये हो मुझे?" मैं उसके दोनों गालों पर अपनी दोनों हथेली रखते हुए – "जानू, इससे ज्यादा शांत और सुनसान जगह कोई और हो ही नहीं सकती।" वह मेरे हाथ हटाते हुए–"यह कोई जगह है, यह तो खण्डहर है।" उसका चेहरा बना हुआ था, वह घबरायी हुयी थी। मैं जल्दी से एक ग्लास पानी लाया और उसे पीने के लिए दिया तथा अपने बैग से नमकीन और बिस्किट का पैकेट निकाला। बिस्किट फाड़ कर एक बिस्किट निकाला और उसके मुँह में खिलाया। वह –"नहीं, नहीं" करते हुए खाने लगी और जवाब–सवाल करना बंद कर दी। वह भी मेरे हाथ से बिस्किट का पैकेट छीन कर मुझे खिलाने लगी और खुद भी खाने लगी। इस तरह वह मुझे अपने हाथों से नमकीन और बिस्किट खिलाती रही और मैं खाता रहा, एक बार भी मना नहीं किया, क्योंकि जिंदगी में कभी–कभी ऐसे मौके आते हैं जब हमें इतना प्यार मिलता है, नहीं तो हमेशा ही दूसरों के मुंह में खिला कर प्यार देना होता है।

धीरे–धीरे 15–20 मिनट में एक पैकेट नमकीन और तीन–चार बड़े वाले बिस्किट का पैकेट खत्म हो गया। उसके हाथ से खाना इतना अच्छा लगा कि पता भी नहीं चला और सारा खत्म हो गया। जब सारा पैकेट खत्म हो गया तो पता चला कि अब पेट में तो बिल्कुल जगह नहीं है और ज्यादा खाने की वजह से खड़ा भी नहीं होने का मन कर रहा था, तो मैं वहीं उसके गोद में अपना सर रख कर सो

गया। वह पैकेट को बैठ कर झाड़ रही थी, मानों वह कब की भूखी है। इस तरह करता देख, मैं उससे बोला – "अभी रूको मैं और लेकर आता हूँ।"

वह बोली – "नहीं, मैं तो बस ऐसे ही कर रही थी, तुम को अभी भी भूख लगी है? मेरा तो पेट फट रहा है।"

मैं– "नहीं, अब मेरा मन कुछ भी खाने के लिये नहीं कर रहा है।"

आशला– "ठीक है", बोलते हुए मेरे बगल में आकर सो गयी। वह मुझे अपने बाहों में पकड़ ली और अपना एक पैर उठाकर मेरे कमर पर रख दी। जैसे ही उसका पैर मेरे ऊपर पड़ा, मेरे अंदर एक करंट सा लग गया और बेहोशी छा गयी। दिल की धड़कन तेज और नशों में खून तेजी से दौड़ने लगी। वह मुझे और मजबूती से पकड़ ली तथा उसका सर बिल्कुल मेरे गाल से चपका हुआ था। वह जब भी सांस छोड़ती सांस की गर्म हवा, मेरे गालों से जाकर टकराती तथा मुझे और भी ज्यादा मदहोश होने पर मजबूर करती। लेकिन उसके प्यार में इनता ज्यादा नमकीन और बिस्किट खा लिया था कि उठ कर बैठने तक का मन नहीं कर रहा था। इस तरह थोड़ी देर बाद मुझे नींद आ गयी और मैं सो गया, आशला भी मुझे पकड़ कर सो गयी। कुछ समय बाद मेरी नींद खुली। मैं आशला को अपने ऊपर से हटाया और जाकर हाथ–मुँह धूला। फिर उसके बगल में आकर सो गया। अब मुझे नींद नहीं आ रही थी और आशला अभी भी सोयी हुई थी। मैं उसको प्यार भरे निगाहों से देखता रहा और वह सोयी रही। उसके होठ दुनिया के सभी होठों से प्यारा लग रहा था, क्योंकि अब वह हमारा था, मैं उसको जी भरकर 'किस्स' कर सकता था। इसके साथ ही वह सोती हुई बहुत खुबसूरत लग रही थी। मेरा मन उसको जगाने का नहीं कर रहा था, क्योंकि मैं उसे जी भर कर देखना चाहता था लेकिन कुछ ऐसी भी चीजें थीं जो मुझे उसके करीब आने के लिए मजबूर कर रही थी। मैं उसके बिल्कुल करीब चिपक कर सोने की सोच रहा था, पर मुझसे ये

हो नहीं पा रहा था तो मैं छः सेंटीमीटर की दूरी पर सो गया और उसके होठों को देखता रहा। मन तो किस्स करने का कर रहा था पर अभी कुछ समझ में नहीं आ रहा था। अब मैं धीरे–धीरे उसके इतने करीब पहुंच गया कि हमारे और आशला के होठों के बीच में कुछ मिली मीटर की दूरी थी। मैं अपना होठ उसके होठों पर रखना चाहता था पर हिम्मत नहीं हो रही थी। क्योंकि वह सोयी हुई थी और ना जाने क्या सोचती? अभी मैं उसको जगाने की कोशिश कर रहा था कि वह फिर अपना पैर मेरे कमर पर रख दी। अब मेरे कन्ट्रोल की सीमा खत्म हो गई तथा मैं तुरंत बिना सोचे समझे अपना होठ उसके होठों से चपका दिया और प्यार करने लगा। मैं थोड़ा सा कहानी क्या शुरू किया, इसका अन्त हो गया। थोड़ी देर बाद वह जोर जोर से रोने लगी। अब मुझे कुछ समझ में नहीं आ रहा था कि क्या करू और उसे कैसे चुप कराऊँ? मैं बहुत परेशान हो गया और चुप कराने के लिए कुछ उपाय सोचने लगा। मैंने थोड़ी देर कुछ सोचा ओर उसे गले लगा लिया तथा अपने हाथों से आँसू पोंछने लगा। मुझे इससे ज्यादा कुछ समझ में नहीं आ रहा था कि मैं उससे क्या बोलूँ और कैसे चुपकराऊँ? लेकिन बिना बोले, चुप होने के लिए कह रहा था। वह भी धीरे–धीरे मेरे ऐसा करने पर चुप हो गयी और मेरे गोद में अपना सर रख कर सोने लगी। वह धीरे–2 सो गयी और मैं उसको देखता रहा। वह लगभग एक घण्टे तक मेरे गोद में सोयी रही तथा मैं उसे अपने गोद में लिये बैठा रहा तथा अपने हाथ से उसका सर दबाता रहा, जिससे वह आराम महसूस की।

मैं उसे परेशान नहीं करना चाहता था तो उसे घण्टों अपने गोद में लिये बैठा रहा और वह आराम से सोती रही। धीरे–धीरे अब मुझे भी नीद आने लगी और मैं भी दीवार के सहारे अपना सर रखकर सोने लगा। कुछ घण्टें बाद उसकी नींद टूट गयी। लेकिन उसका मूड कुछ ठीक नहीं लग रहा था तो मैं उसे फिर से आराम करने के लिये बोला और अपने पैर पर उसका सर रखकर उसे लेटा लिया। वह बिल्कुल

खामोश थी और मुझे एक टक देख रही थी। मैं उसके आंखों में आंखें डाला तथा कुछ देर बाद अपने हाथों से उसकी आंखे बन्द करते हुए प्यार दिखाया। वह मुस्कराती हुयी बोली –''क्या हुआ?''

मैं–''कुछ नहीं'', ''तुम ऐसे क्या देख रही हो?''

आशला–''कुछ नहीं'', ''बस तुम को देख रही हूँ।''

मैं – ''और ... अभी कैसी हो?''

आशला – ''मैं ठीक हूँ।''

मैं – ''रो क्यों रही थी?''

मेरे इस प्रश्न का जवाब देने के बजाय, वह मुस्कराने लगी और मुझे प्यार से एक हल्का सा झापड़ मारी। इस तरह मैं भी मुस्कराने लगा और मेरा मन थोड़ा हल्का हो गया, क्यों कि उसका रोना देखकर मुझे एक सदमा सा लग गया था। मैं उसके माथे पर एक चुम्बन किया। वह मुझे देखने लगी। मैं भी बस उसको, उसके आंखों में आंखे डालकर देख रहा था। अचानक मेरे मन में क्या आया जो मुझे कुछ समझ में नहीं आया और मैं उसके होठ पर एक किस्स दिया। वह मुझे बस देखती रही। फिर मैं उसके होठों से चिपक गया तथा लगभग पांच मिनट तक चुम्बन किया। धीरे–2 मैं उस अन्तिम समय तक पहुंच गया जहां से प्यार करने की क्रिया समाप्त हो जाती है और हम एक असीम आनन्द को प्राप्त करते हैं।

अब मैं आराम चाहता था तो उसके गोद में सर रखकर सोने लगा। वह भी थोड़ी देर बाद मेरा सर अपने गोद में लिये ही सो गयी। धीरे–2 हम दोनों बहुत गहरी नींद में सो गये। मैं अभी नींद में था और मेरे कानों में एक प्यारी सी आवाज गूंज रही थी– ''उठो ... उठों, कब तक सोयें रहोगे।'' मैंने अपनी आंखें धीरे–धीरे खोली तो आशला को देखा कि वह मुझे जगा रही थी। मैं तुरन्त उठकर बैठ गया और बोला–''क्या हुआ?''

आशला– ''अरे यार! बहुत देर हो गयी है और मुझे घर जाना है।''

मैं – ''हां ठीक है।'' ''जल्दी–जल्दी तैयार हो जाओ।''

आशला – ''मैं तैयार हो चुकी हूँ।'' ''जल्दी मुझे चौराहे तक पहुंचा दो, मैं वहां से ऑटो ले लूंगी।''

मैं – ''हाँ ठीक है।'' ''मैं अभी दो मिनट में तैयार होकर आता हूं।'' दो मिनट बोल कर मैं दस मिनट लगाने लगा और तब तक आशीष, राहुल और सुमित काम से वापस आ गये। उनको देख कर आशला चौक गयी और कुछ बोलती की सुमित बोल दिया – ''भाभी नमस्ते।'' वह परेशान होते हुये बोली– ''नमस्ते–नमस्ते।''

मैं अभी उनका परिचय कराता, तब तक आशीष बोला–''हम लोग अजीत के दोस्त हैं?''

''आज काम से जल्दी छुट्टी हो गयी तो आ गये।'' वह कुछ बताया ही नहीं कि आप आने वाली हैं नहीं तो देर से आते।''

''आप को इससे परेशानी तो नहीं हुई।''

आशला – ''नहीं, नहीं।''

और बोली–''आप लोगों से मिल कर बहुत अच्छा लगा।'' उनसे मिलकर खाक अच्छा लगता जो कि गन्दे, धूल, मिट्टी और बालू–सीमेन्ट में सने हुये थे। वह इतना बोलकर बाहर निकली। मैं जल्दी–जल्दी उसके पीछे भागा। इस तरह मुझे भागता देख आशीष मजाक किया– ''जल्दी पकड़ों, नहीं तो नाराज होकर भाग जायेगी।''

वह जल्दी–जल्दी आगे–आगे चल रही थी और मैं पीछे–पीछे। मैंने उससे बात करने की कोशिश किया। पर वह कुछ जबाब नहीं दे रही थी।

इस प्रकार मुझे समझ में आ गया कि वह मुझसे नाराज है, पर ये समझ में नहीं आया कि वह नाराज क्यों है? मैं यह जानने के लिये उसके पीछे दौड़ा और जाकर उसका हाथ पकड़ लिया। वह गुस्से से बोली– ''मेरा हाथ छोड़ो।''

मैं जवाब दिया–''नहीं छोड़ूँगा'' ''पहले ये बताओं कि नाराज क्यों हो?'' वह कुछ बोले बगैर भागती जा रही थी। कई बार पूछने पर ''तुम्हारे ये दोस्त थे?'' उसने मुझसे पूछा– ''हां'', मैंने जबाब दिया।

''ये लोग क्या काम करते हैं?'' आशला

मैं– ''कुछ नहीं, वे बस एक कन्ट्रक्शन कम्पनी में काम करते हैं।''

आशला– ''कौन सा काम?'' ''लेबरगीरी।''

मैं गुस्से में बोला–''हां लेबरगीरी तुम को कोई परेशानी है?''

आशला – ''नहीं, कोई परेशानी नहीं है।'' ''मुझे तो तुमसे परेशानी है।''

मैं गुस्से में तेज बोला– ''क्या? क्या कह रही हो, तुम को मुझसे परेशानी है?''

आशला–''हां, जब तुम मुझे यहां लाये, तभी मुझे कुछ सन्देह हुआ।''

मैं – ''कैसा सन्देह?''

आशला– ''तुम चिल्लाओं मत, एक तो मुझ से तुमने हमेशा झूठ बोला है और ऊपर से चिल्ला रहे हो।''

मैं – ''कैसा झुठ?''

आशला– ''अपने काम के बारे में।''

''अगर तुम मुझसे पहले ही बता देते कि तुम एक लेबर हो, तब

भी मैं तुमको प्यार करती लेकिन तुम ने हमेशा मुझ से झूठ बोला है और अब मैं तुम्हे कभी माफ नहीं करूँगी।''

मैं प्यार से बोला–''क्या बोल रही हो?'' मैं और कुछ कह पाता कि वह रोने लगी और बोली– ''अब हमारे तुम्हारे बीच कोई रिश्ता नहीं रहेगा।'' ''अब मुझे तुम कभी फोन मत करना।'' इतना बोलते हुये वह ऑटो में बैठ कर चली गयी। मैं दुःखी होकर वापस कमरे पर आया। मुझे इस तरह मायूस देखकर आशीष पूछा– ''क्या हुआ? इतने उदास क्यों हो?'' मैंने कुछ नहीं बताया। बार–बार पूछने पर मुझे बताना ही पड़ा कि आशला मुझसे नाराज है। आशीष आश्चर्य प्रकट करते हुये बोला– ''अभी तो वह बड़े प्यार से तुम्हारे पास सोयी थी और अचानक उसे क्या हो गया?''

''क्या वह हम लोगों के इस तरह अचानक आ जाने से परेशान हो गयी है? ''–आशीष

मैं–''नहीं यार, वह तुम लोगों के आने से परेशान नहीं हुयी, बल्कि वह सोचती थी कि मैं बहुत अच्छे और बड़े घर से हूँ और यहां दिल्ली में पढ़ाई करता हूँ लेकिन मैं लेबरगीरी करता हूँ तो यह जान कर नाराज हो गयी।''

''मैं उससे इतना ज्यादे शुरू से ही झूठ बोला हूँ कि वह यह सोच भी नहीं सकती थी।'' ''लेकिन यह जान कर गुस्सा हो गयी और शायद फिर मुझसे कभी बात ना करे।''

सुमित– ''अब तू परेशान होना छोड़ दे, वह तुम्हारे पास ही भाग कर आयेगी।'' आज नहीं तू, कल दोपहर में उसे फोन करना, थोड़ा अकेला छोड़ जिससे तुम्हारी उसे कमी महसूस हो। ''

मैं – ''हाँ यार, सही कह रहे हो, अब टेंशन लेने से क्या होगा? जो होना होगा, वही होगा।''

मैं अगले दिन लगभग एक बजे, उसे फोन किया। वह मेरा फोन बार–2 कट कर दे रही थी। लगातार कई बार फोन करने पर उसने मेरा फोन उठाया और बोली–''क्या है? क्या बार–बार फोन कर रहे हो? तुम्हारे पास तो इसके सिवाय कोई काम नहीं हैं?'' मैं बड़े प्यार से बोला– ''तुम इतना नाराज क्यों हो रही हो?''

आशला– ''नाराज न होऊँ तो क्या करूँ?''

मैं – ''पर तुम इतना नाराज क्यों हो?''

आशला– ''तुमनें मुझसे एक नहीं, हजार बार झूठ बोला है।'' मैं तुमको कभी माफ नहीं करने वाली हूँ।''

मैं – ''मानता हूँ कि तुमसे झूठ बोला हूँ पर हजार बातों मे 500 बातें मेरी सही भी हैं।''

आशला – ''तो क्या, यहां सच झूठ का हिसाब लगाने के लिये फोन किये हो?''

मैं – ''नहीं , मैं ये बताने के लिये फोन किया हूँ कि मैं चाहे जितनी बातें झूठ बोली हों पर मैं तुंमसे सच्चा प्यार, करता हूँ।''

आशला – ''तुम मेरे प्यार के लायक भी हो, ना तो तुम को बोलने का ढ़ंग और ना ही चलने का ढ़ंग। मैं एक ऐसे लड़के से प्यार करूंगी जो मजदूर है।'' ''चलो फोन रखो और दूबारा भूलकर भी फोन मत करना।''

मुझे उसकी बातें बहुत बुरी लगी पर मैं कर भी क्या सकता था। उसकी मर्जी थी, बात करे या ना करे। प्यार क्या होता है? मुझे आज तक समझ में नहीं आया। जो लड़की मेरे बगैर रह नहीं सकती थी, वह दो मिनट में मुझसे इतनी दूर चली गयी। इस प्रकार मैंने बहुत प्रयोग किया तो पता चला कि –''प्यार जरूरत होता है।'' चाहे वह किसी तरह की जरूरत हो सकती है और जरूरत ही प्यार को जन्म

देती है। जैसे कि आप तनहा हैं तो आपको अपनी तनहायी दूर करने के लिये किसी की जरूरत पड़ती है और आप हमेशा उसको अपने पास चाहते हैं, इस प्रकार वह उन दोनों के बीच में प्यार का रूप ले लेता है। इस प्रकार एक लड़का अपनी तनहायी दूर करने के लिये एक लड़के से दोस्ती करता है तो वह दोस्तों का प्यार कहलाता है तथा अगर वे दोनों लड़की–लड़के हैं तो प्रेम कहलाता है।

जरूरत भी कई प्रकार की होती है और वह कुछ भी हो सकती है। इस तरह मुझे नहीं पता की आशला का प्यार किस 'जरूरत' के लिये इतना परवान चढ़ा था लेकिन अब मुझे ये पता चल चुका था कि अब उसको मेरी जरूरत नहीं है। अब मैं कर भी क्या सकता था? ''अब तो मुझे और बिन्दास होकर जीना है''– मैंने अपने आप से कहा और अब 'देवदास' बनने से भी कोई फायदा नहीं था।

21

आत्महत्या और हम लोग

उसके मना करने के बावजूद भी मैंने कई बार उसको फोन किया पर मुझे हमेशा एक ही जवाब मिला–''मैं तुमको कभी माफ नहीं कर सकती, अब मुझे तुम्हारे साथ कोई भी रिश्ता नहीं चाहिये।''

उसको बार–बार फोन कर–कर के मैं अब थक चुका था और उसका जवाब सुन कर सर फटने लगा था। इस प्रकार अब मैं उसको भूलना चाहता था और अपने दोस्तों के साथ समय बिताना चाहता था। ब्रेकअप होने के बाद ये सब कर पाना मुश्किल होता है पर यह आसान बनाया जा सकता हैं, जैसाकि मैंने किया। हम लोग रात में इकट्ठा होते और उसे, भूलाने के लिये अच्छा न कहकर बुरा कहता और बड़े मजे के साथ, मक्खन लगाकर उसके साथ जो हुआ, वह आशीष, राहुल और सुमित को सुनाता तथा हम लोग आपस में एक दूसरे को तरह–तरह की संज्ञा देकर मजा लेते। आशीष मरने के कगार पर था लेकिन उसके मजे लेने का अन्दाज सबसे अलग था। वह हमेशा राहुल को ही निशाना बनाता और उससे बोलता– ''तू किसी काम का नहीं है।'' उसका अन्दाज और कहने की एक्टिंग ऐसी होती थी कि जिसको कहा जाय उसे भी बुरा नहीं लगता और हसंते–2 दम फूल जाय था।

हम लोगों को रोज रात में ऐसी ही बातें करने की अब आदत हो

चुकी थी तथा उस बात–चीत में आशला जरूर शामिल होती और उस दिन वाली बात को विस्तार से मक्खन लगाकर रोमांस के साथ, मैं उनको सुनाता और हम लोग आपस में मजाक करते थे। इन सब अभद्रता के पीछे एक ही कारण था, वह यह कि मैं उसे भूलाना चाहता था और जब तक उसे अपने दिल में इज्जत के साथ रखता और उसका नाम इज्जत के साथ याद करता, तो मैं उसको कभी भी भूला नहीं सकता था। इसलिये मैं हमेशा उसे के बारे में गंदा बोलता तथा उसका नाम गाली के साथ याद करता और अपने प्यार को रोमांस में बदल कर, उसे भूलाने की कोशिश करता लेकिन हुआ कुछ और।

अगले कुछ दिनों बाद हम लोग रविवार को खूब मजे किये और 'बीयर' तथा 'दारू' का आनन्द लिये। उसके सुबह नींद खुलने का नाम ही नहीं ले रही थी लेकिन काम जरूरी था तो ठेकेदार ने हम लोगों से आने के लिए बिनती किया। मैं जल्दी–जल्दी सुबह उठा और उन तीनों को उठाया, मैं बार–बार उनको उठाता लेकिन वह फिर सो जाते। इस तरह आशीष और सुमित उठ गये पर राहुल उठने का नाम ही नहीं ले रहा था। मैं, उसे उठा कर 'बाथरूम' में पानी के अन्दर डालने के लिये ले गया। वह चिल्लाने लगा और बोला–"भाई, मेरी तबीयत बहुत खराब है तथा मैं आज काम पर नहीं जाऊंगा।"

मैं– "तुम बहाना बना रहे हो और आज काम पर जाना जरूरी है और तुमको चलना पड़ेगा।"

वह एक से एक अज़ीबों गरीब बहाने बनाने लगा तथा ऐसे–ऐसे शकल बनाता कि सच में बहुत बीमार है। आशीष मुझसे बोला–"छोड़ यार, नहीं जाना चाहता है तो आराम करने दो।"

मैं उसे छोड़ दिया और वह फिर से जाकर सो गया और बोला–"यार सच्च में तबीयत सही नहीं है, तुम लोग जाओ और ठेकेदार को बता देना।"

आशीष – ''हां–हां, कोई बात नहीं तू आराम कर।'' ''अभी दुकान खुलता है तो दवा लेकर आता हूँ।''

राहुल – ''नहीं यार, मैं जाकर दवा ले आऊँगा, तुम परेशान मत हो।''

हम लोग जल्दी–जल्दी तैयार हो कर काम पर चले गये तथा राहुल वहां आराम कर रहा था। मेरा मन काम में नहीं लग रहा था। मैं बस समय काट रहा था कि– 'कब समय हो और मैं कमरे पर जाऊँ। मैं काम ना कर के कभी इधर–बैठता तो कभी उधर बैठता। ये सब आशीष देख रहा था और समझ भी रहा था कि मेरा मन काम में नहीं लग रहा है। वह मेरे पास आया और बोला–''अजीत क्या हुआ?'' ''काम में मन नहीं लग रहा है, क्या?''

मैं– ''हां यार, बीना काम किये थकावट हो रही है.... पैर दर्द कर रहा है और कुछ करने का मन नहीं कर रहा है।''

आशीष–''आज काम पर आने के लिए तुमको ही बहुत जल्दी थी, मेरा तो मन था आज, आराम करने का।'' ''राहुल बहाने बनाकर आज आया नहीं, आराम से सो रहा होगा।''

मैं– ''हां यार, पर ठेकेदार ने मुझसे बोला था कि अगले दिन सोमवार को सब को लेकर आना, काम खत्म करना है।'' तब तक सुमित भी वहां आ गया। वह भी कुछ उदास था तथा हर दिन की तरह उसका भी मन नहीं लग रहा था। इस पर आशीष बोला– ''तुम दोनों मुह लटका कर खड़े हो, आज काम खत्म करना है तो आराम कर रहे हो।''

आशीष – ''चलो उधर लड़कियों के बीच में चलते हैं तो काम करने के लिये मन भी करेगा और जल्दी समय भी कट जायेगा।'' हम लोग आशीष के साथ गये और कुछ लड़कियां काम कर रही थीं, उनके

पास जा कर काम करने लगे। थोड़ी देर काम करने के बाद आशीष एक लड़की से बात करने लगा। वह लड़कियां पटाने में माहिर तो था ही, जब वह उससे बात करके मेरे पास आया तो मैं पूछा – ''वह कौन थी?''

आशीष – ''अभी नयी–नयी काम पर आयी है, लगभग पटा चुका हूँ, बस थोड़ी सी बाकी है।''

मैं – ''थोड़ी सी बाकी का क्या मतलब होता है?''

आशीष – ''जब तक उसके साथ कुछ हो नहीं जाता, समझो अभी पटाने में कुछ वक्त लगेगा।''

मैं उसकी बातों से सहमत था और उसको ये याद दिलाते हुये बोला–''तुम्हे याद है न, तुम को 'एड्स' है?''

आशीष – ''हां–हां मुझे अच्छे से याद है, भला कोई मरने वाला अपने मरने की वजह को कैसे भूल सकता है?''

मैं– ''तो तुम उसको 'एड्स' रोगी बनाओगे।''

आशीष – ''नहीं, यार मैं तो मरने वाला हूँ अगर मेरी वजह से कईयों कि जिंदगी खतरे में आयेगी तो मुझे मर कर भी शकुन नहीं मिलेगा।''

''तभी तो मैं हमेशा साथ में सुरक्षा रखता हूँ, ना जाने कब काम आ जाये।''

मैं – ''हां ठिक हैं, पर ध्यान रखना, सुरक्षा होने के बावजूद भी कईयों की जिंदगी खराब हो सकती है।''

हम लोगों को आशीष से कुछ सिखना चाहिये, वह मरने वाला था फिर भी कोई परवाह नहीं, बस एक चाहत थी–कि 'वह ज्यादा से ज्यादा लड़कियों का प्यार पा सके।' इस इच्छा कि पूर्ति के लिये हमेशा लड़कियों के पीछे–पीछे घूमता रहता था। वह उसके पास ही

उसके साथ काम करने लगा और उसको अपनी बातों में उलझाने लगा। वह भी कम नहीं थी, उसको और बढ़ावा दे रही थी। उस की अदाओं से लग रहा था कि 'जो थोड़ा सा बाकि है वह पूरा हो जायेगा और उससे पट जायेगी'।

हम लोग भी वहां खड़ी लड़कियों को घूर रहे थे लेकिन आशीष की तरह नहीं थे कि थोड़े देर में जाकर चपक जायें और बातें शुरू कर दें। मैं भी उसी की तरह मजे चाहता था लेकिन मजे के लिये उसकी तरह बनना पड़ता है जो कि मुझसे हो नहीं पाता था। देखते ही देखते समय बीत गया और मैं बहुत खुश हुआ कि अब जाकर आराम से सोऊंगा। सुमित भी बहुत खुश था लेकिन आशीष नाखुश था, क्योंकि उसे लड़कियों के बीच से हम लड़कों के बीच में जाना होगा। तभी ठेकेंदार आया और 'नाइट काम' के लिये बोला। आशीष तुरन्त मान गया और बहुत खुश हुआ लेकिन हम लोगों ने मना कर दिया और आशीष से बोला–"तुम 'नाइट' कर के आना, हम लोग जा रहे हैं।"

आशीष– "यार आज रूक जाते तो वह जो थोड़ा सा बाकी है, वह भी पूरा हो जाता।"

मैं – "ठीक है, कोई बात नहीं, तू उसके साथ लगा रह, वह तो साथ में है और तेरी बात बन जायेगी तथा तुम दोनों और करीब हो जाओगे और वो वाला काम भी हो जायेगा।"

आशीष धीमी आवाज में बोला– "नहीं यार, इस तरह केवल उसके साथ रहूंगा तो लोग शक करेंगे और तुम लोग होते हो तो काम आसानी से हो जाता हैं।"

सुमित – "ठीक है, पर आज रूकने का मन नहीं है।" ... "कभी और ... वो तो तुम को मिल ही जायेगी।"

हम लोग रूकने वाले नहीं थे और मन बिल्कुल नहीं लग रहा था।

मैं और सुमित वहां से निकलने के लिये तैयार हुये। हम लोगों को जाता देख आशीष भी पीछे–पीछे आने लगा और बोला–''यार आज मूड खराब हो गया, आज मौका अच्छा था।'' – ''लेकिन तुम लोगों ने साथ नहीं दिया।''

मैं – ''कोई नहीं, ऐसे–ऐसे मौके तो तुम चुटकियों में बना लेते हो।''

अपनी तारीफ सुनकर आशीष भी खुश हो गया और हम लोगों के साथ खुशी मन से वापस आने लगा। वह रास्ते भर उस लड़की की तारीफ किये जा रहा था, पता नहीं क्यों, इस बार उसके मुँह से ये सब बातें सुनना अच्छा नहीं लग रहा था लेकिन फिर भी हां में हां मिलाये जा रहे थे। कुछ समय बाद हम लोग कमरे पर पहुंच गये और मैं आज कुछ काम नहीं किया था फिर भी बहुत थका हुआ था।

मैं सोने के लिए अन्दर कमरे के तरफ तेजी से बढ़ा। जब मैं दरवाजे के पास पहुंचा तो दरवाजा बन्द मिला। मैं दरवाजा खटखटाया लेकिन दरवाजा नहीं खुला तो अन्दर की तरफ जोर से ढ़केला तो पता चला कि दरवाजा अन्दर से बन्द है। मैं इतना थका हुआ महसूस कर रहा था कि बोलने का भी मन नहीं कर रहा था। लेकिन मुझे आराम चाहिये था तो बोलना ही पड़ता। मैं जोर से दरवाजा पीटते हुये बोला – ''राहुल दरवाजा खोलो, उठो यार, शाम हो गयी है।'' कई बार आवाज लगाया और दरवाजा पीटा लेकिन अन्दर से कुछ भी जबाब नहीं आ रही थी। मैं बार–बार दरवाजा पीटता रहा। इस तरह आशीष मुझे परेशान देखकर आया और वह भी आवाज लगाने लगा। इतने में सुमित अन्दर बाथरूम से निकल कर आया और वह भी दरवाजा खुलवाने की कोशिश करने लगा। बहुत देर तक दरवाजा न खुलने पर सुमित परेशन होकर दरवाजें पर कई 'लात' मारा लेकिन फिर भी दरवाजा नहीं खुला तो आशीष झल्लाते हुये बोला– ''अबे! मर गया क्या?'' ''कुम्भकरन की तरह सो रहा है।'' मुझे कुछ सन्देह हुआ, मैं

दूसरी तरफ लगी, खिड़की के पास गया और अन्दर देखने कि कोशिश किया। जैसे ही मेरा हाथ खिड़की के दरवाजे पर पड़ा, वह तुरन्त अन्दर की तरफ खुल गया और मैं देखकर हैरान हो गया। मैं तुरन्त वहां से निकला और बिल्डिग में इधर–उधर दौड़ने लगा। मुझे ऐसे घबराये हुये देखकर आशीष और सुमित चिल्लाने लगे– "अरे! क्या हुआ? अरे! क्या हुआ?" मैं कुछ बोल पाता कि आशीष भी खिड़की के पास गया और अन्दर देखा। वह राहुल को पंखे से लटकता देख जोर–जोर से चिल्लाने लगा और रोने लगा सुमित भी दौड़कर आया और देखकर रोने लगा। तब तक मुझे एक कुर्सी मिली, मैं कुर्सी लेकर दरवाजा तोड़ने के लिये दौड़ा। आशीष और सुमित भी दौड़कर आये, मैं दरवाजे पर तेजी से जोर लगाकर कुर्सी से मारा, दरवाजे की थोड़ी सी हालत खराब हुयी लेकिन कुर्सी टुकड़ों में बट गयी, इतने टुकड़े की उनको अब दरवाजा तोड़ने के काम में नहीं लाया जा सकता था। तब तक आशीष दौड़कर बाथरूम की तरफ गया और वहां बगल में कुछ कबाड़ा रखा था, उसमें से एक मोटा सा लोहे की 'रॉड' निकाल कर लाया और दरवाजे पर दोनों हाथों से पकड़कर सीधा वार किया। इस बार दरवाजे की हालत खराब हो गयी और लकड़ी की एक फट्ठी अन्दर निकल कर गिर गयी। सुमित जल्दी से अन्दर हाथ डालकर बन्द खुण्डी को खोला। दरवाजा खुलते ही हम लोग अन्दर की तरफ दौड़े और मैं, राहुल का पैर पकड़कर ऊपर उठाया कि उसकी जान बच सके, लेकिन उस पर कुछ असर नहीं हुआ, वह मर चुका था। हम लोगों का जल्दी–जल्दी दरवाजा तोड़ना और उसे बचाने के लिये दौड़ना सारा व्यर्थ हो गया। वह बहुत पहले ही पंखे से लटक चुका था और उसका शरीर बिल्कुल ठंढ़ा हो गया था।

उसको पंखे से लटका देख आशीष और सुमित पहले से ही जोर–जोर से चिल्ला रहे थे लेकिन मैं उसको अपने से हमेशा के लिये दूर जाता देखकर रोक नहीं पाया और मेरी चुप्पी चिल्लाहट में बदल गयी। इस प्रकार हम तीनों लोग जोर–जोर से चिल्लाकर रो रहे थे,

कुछ समझ में नहीं आ रहा था कि क्या करे? उस वक्त ये, हाथों–हाथों में फोन का जमाना भी नहीं था कि कुछ कर सके। ''आत्महत्या और हम लोग'' उस वक्त साथ–साथ थे।

अन्दर से जोर–जोर से रोने की आवाज सुनकर, उस बिल्डिग के आस–पास से गुजरने वाले लोग धीरे–2 इक्ट्ठा होने लगे और कुछ ही देर में वहां पर भीड़ ज्यादा इकट्ठी हो गयी। लोग अन्दर आकर राहुल को लटकता देखते और दुःखी होते।

ज्यादा भीड़ देखकर पुलिस भी वहां आ गयी और राहुल को पंखे से नीचे उतरवाया तथा प्राथमिक कारवाई शुरू की। इसके लिये ठेकेदार को सूचना भीजवाया गया। वह यह खबर सुनकर घबरा गया और जल्दी–जल्दी हम लोगों के कमरे पर आया। पुलिस हम लोगों से हजारों तरह की सवाल कर रही थी, मानों हम लोगों ने ही उसे पंखे से लटका दिया हो। लेकिन जो भी हो उस वक्त का सामना तो करना ही था। पुलिस मृत शरीर को सील करा कर 'पोस्ट मॉडम' के लिए भेज दी और हम लोगों में से एक–एक को किनारे बुलाकर पूछताछ करती रही। जब पुलिस मुझे एक कोने में ले गयी तो मेरी हालत खराब हो गयी और मैं बहुत डरा हुआ था। पुलिस की वर्दी में एक काला सा, मोटा सा, बड़े–2 मूच्छ और तोंद वाला आदमी मेरे कंधे पर हाथ रखते हुये बोला– ''बेटा घबराओं नहीं, मैं तो बस ये जानना चाहता हूँ कि तुम लोगों को ठेकेदार से कोई परेशानी तो नहीं है, वह पैसे बराबर समय से देता है कि नहीं?''

मैं डरा हुआ धीमी आवाज में बोला– ''नहीं सर, कोई परेशानी नहीं है, वह पैसे हमेशा समय से देते हैं और जरूरत पड़ने पर एडवांस भी दे देते हैं।''

पुलिस– ''तुम लोगों को कोई परेशान तो नहीं करता था।''

मैं – "नहीं सर।"

पुलिस – "ये आशीष और सुमित, उसे परेशान तो नहीं करते थे।"

मैं – "नहीं सर।"

पुलिस – "डरो मत, सब सच्च–सच्च बताओं।"

मैं – "नहीं सर, उसे कोई परेशान नहीं करता था।"

इस तरह वह मुझसे ऐसे–ऐसे उल्झाने वाले सवाल करता कि कुछ समझ में नही आता कि क्या जवाब दूं। लेकिन मैं बहुत ही सोच समझ कर जवाब देता। वे लोग आशीष और सुमित से भी ऐसे ही मेरे बारे में पूछे होंगे पर मुझे ये नहीं पता कि उन्होनें क्या जवाब दिया? कुछ देर तक पूछताछ करने के बाद वे ठेकेदार से कुछ बातचीत किये और हम लोगों पर टूट पड़े। एक पुलिस वाला जो उन सबमें सीनियर था, वह चिल्लाया और बोला– "ये ऐसे नहीं बतायेंगे, इनको थाने ले चलो।"

दो–तीन दूसरे पुलिस वाले हम लोगों का हाथ पकड़कर गाड़ी में बैठा दिये और थाने के लिये चल पड़े। हम लोग पहले से ही रो रहे थे लेकिन थाने के नाम से और रोने लगे। आशीष और सुमित तो ऐसे रो रहे थे कि मानों उन्होंने ही मर्डर किया हो और पुलिस उनको जेल में डाल देगी। वहां थाने ले जा कर हम लोगों को नीचे एक कोने में बैठने के बोलिये। हम लोग वहां चुपचाप बैठे रहे। तब तक एक पुलिस वाला आया और बोला– "सब सच–सच बता दो, साहब छोड़ देंगे।" हम लोग रोने लगे और बोले–"सर, हम लोगो को नहीं पता कि वह फांसी क्यों लगाया। हम लोग तो काम पर गये हुये थे और आकर देखा तो वह मर चुका था।" "काम पर जाने के लिये बोला तो वह तबीयत खराब होने का बहाना बनाया।"

पुलिस वाला – "चुप ... चुप, यहां रोने का काम किया तो सीधा अन्दर बन्द कर दूंगा।"– झल्लाते हुये बोला।

हम लोग चुप हो गये और वहां एक कोने में पड़े रहे।

कुछ देर बाद उनका साहब आया और बोला – "अबे! एक कुर्सी ला।" एक पुलिसवाला जल्दी से गया और एक कुर्सी लाया। उसको साफ करते हुए बोला– "बैठों सर, बैठों।" वह बैठ गया और पहले मुझसे पूछा – "तुम्हारा नाम क्या है?"

मैं – "अजीत सर।"

"घर कहां है?" – पुलिस वाला

मैं – "सर देवरिया जिला।"

पुलिसवाला डाँटते हुये– "पूरा पता बता।" मैं उसे पूरा पता बताया और एक उनके साथ का, ये सब डिटेल एक डायरी में लिख रहा था। एक–एक करके वह हम तीनों से पूछा– "नाम, पता, पिता का नाम, काम, यहां कैसे आये, घर से भाग कर आये हो या नहीं।" मुझे लगता है कि ठेकेदार नें हम लोगों के बारे में ये बता दिया था कि हम लोग घर से भाग कर यहां दिल्ली आये हैं तभी तो थाने का दर्शन करना पड़ा।

पुलिसवाला बोला – "इस इलाके में फोन करो और पता लगवाओं की ये लड़के घर वालों को बताकर आये हैं या भागकर आये हैं।"

हम लोगो की हवा निकल गयी और हम लोगों ने सब सच्च–सच्च बता दिया कि हम लोग घर से भागकर आये हैं। वह पुलिसवाला बिना कुछ सोचे–समझे हम लोगों को एक–एक झापड़ मारा। मेरे तो होश उड़ गये और मैं सन्न रह गया। सुमित और आशीष रोने लगे।

पुलिस वाला– "चुप, नहीं तो दो–चार और दूंगा, अभी तो एक में ही काम चल गया, नहीं तो बाद में पता चलता तो लात भी पड़ता।" "तुम लोगों को पता है, तुम्हारे मां–बाप कितने परेशान होंगे।" "चुप–चाप कल की ट्रेन पकड़ कर घर चले जाना, नहीं तो हमेशा के लिये अन्दर कर दूंगा।"

पुलिसवाला घूरते हुये – "कितने दिनों से घर से भागे हो?" हम लोगों ने लगभग समय बताया और समय के हिसाब से फिर एक–दो–तीन झापड़ खाने को मिला। एक तो हम लोग राहुल को खोये थे, ऊपर से झापड़ खाने के लिये मिल रहा था, मूड तो बहुत खराब हो गया था लेकिन कर भी क्या सकते थे। वह हम लोगों से बोले– "कल ही ट्रेन पकड़ कर घर चले जाना, नहीं तो ...।" नहीं तो का मतलब अब समझ में आ गया था। हम लोग वहीं एक कोने में पड़े रहे और थाने का नजारा देखते रहे। हम लोग जितने देर वहां बैठे रहे, कोई न कोई पकड़कर आता और उस पर ये टूट पड़ते तथा गुनाह के हिसाब से लात–घुशा पड़ता था। उनकी हालत देखकर हम लोगों की भी हालत खराब हो जाती थी और समझ में नहीं आता कि कब ये हमें यहाँ से जाने देंगे?

तीन–चार घण्टें बाद 'पोस्टमार्टम' होकर रिपोर्ट आया, जिसमें मौत की वजह 'गले में दबाव' यानी 'फांसी' के कारण मौत और चारो तरफ पूछताछ के बाद बेकसूर पाये जाने पर हम लोगों को वहां से जाने दिया और जाते–जाते बोला–

"याद है न, यहां से जाने के बाद क्या करना हैं?"

"हां सर– हां सर, सब याद है।" हम लोग घबराये हुये स्वर में बोले। जल्दी–जल्दी थाने से बाहर निकले और भगवान को धन्यवाद बोला कि इनसे जान बची।

हम लोग वहां गये तो थे–गाड़ी में बैठकर लेकिन वापस पैदल ही

आना पड़ा। क्योंकि जेब में पैसे भी नहीं थे और न ही कोई हमे छूड़ाने गया था। बिना पैसों के कोई हमे बैठाने को भी तैयार नहीं था तथा लिफ्ट भी तीन लोगों को कौन देता? इस प्रकार राहुल की मौत हम लोगों की जिंदगी में उथल–पुथल मचा कर रख दिया था। पुलिस वाले राहुल के मृत शरीर को हम लोगों के बताये हुए पते की पूछताछ करने के बाद उसके घर भेज दिये और हम लोग अपने कमरे में पहुंचे तथा सुबह होने का इंतजार किया। ठेकेदार रात में ही हम लोगों से मिलने आया और जितने हमारे पैसे बनते थे, हिसाब कर दिया।

22

मौत की वजह तथा फांसी लगाकर राहुल का पश्चाताना

जैसे–जैसे अन्धेरा हो रहा था, हम लोगों की हालत खराब हो रही थी। उस बड़े से बिल्डिग में केवल हम तीन लोग थे और आस–पास भी कोई बिल्डिग नहीं थी कि दूर से ही लोगों को देख कर अपने डर पर काबू पाया जाय। हम तीनों कहीं भी जाते एक साथ जाते। हम लोगों में जब भी किसी को कहीं जाना होता तो तीनों लोग साथ में जाते थे। ये कितनी अजीब बात है, जो दोस्त हमेशा हम लोगों के साथ रहता था, अब उससे हम लोगों को डर लगने लगा था। ऐसा महसूस होता कि वह यहीं कहीं हम लोगों के आस–पास खड़ा है, तो उसका साथ पाकर डरना नहीं चाहिये, बल्कि खुश होना चाहिये। लेकिन ऐसा कुछ भी नहीं था, उसके आहट महसूस होने पर, उसको सोचकर रोवें खड़े हो जाते और एक दूसरे का साथ ही सहारा बनता।

जिस कमरे में उसने फांसी लगायी थी, उस कमरे के दरवाजे से ही डर लग रहा था और बस एक–एक पल यूँ हीं बीतने का इंतजार था, क्योंकि एक पल, एक घण्टा समझ में आता और सवेरा तो साल

के बराबर हो चुका था। हम लोग गेट पर ही बाहर खड़े होकर सुबह का इन्तजार कर रहे थे और वहां रोड पर आती–जाती गाड़ियों को देखकर अपने डर पर काबू पाते। अब धीरे–धीरे उन गाड़ियों का भी आना–जाना बन्द होने लगा था और वहां झोपड़ी में रोड के किनारे बसे उन भीख मांगने वालो की लड़ाई–झगड़े की आवाज भी शान्त होने लगी थी।

बाहर भी डर लगने लगा था और समझ में नहीं आता की क्या किया जाये कि समय बीत जाये? उस रात सोना तो हम लोगों के नसीब में नहीं था। मैं कुछ सोच रहा था, और आसमान में उन टिमटिमाती तारों को देख रहा थां तो अचानक मेरे दिमाग में एक ख्याल आया कि क्यों न बिल्कुल ऊपर छत पर चला जाय और इन तारों के सहारे अपने डर पर काबू पाया जाय।

मैं अपना आइडिया अपने दोस्तों को बताया। वह कुछ उत्तर देते कि मैं आगे–आगे छत की सीढ़ियों के तरफ चल पड़ा, वे भी बीना सोचे – समझे मेरे पीछे–पीछे आने लगे। आशीष और सुमित बिल्कुल मेरे पीछे ही थे और उनको डर था कि कहीं अकेला न छूट जायें। हालत तो मेरी भी खराब थी लेकिन किसी को तो छत पर जाने के लिये पहले हिम्मत जूटानी पड़ती। इस तरह डरते–2 हम लोग अन्त में बिल्डिंग की छत पर पहुंच ही गयें और थोड़ी–थोड़ी हिम्मत इतनी हो गयी कि 'बिल्डिंग की छत' पर हम लोगों ने विजय पा ली। वाकई वहां खुले आसमान में तारों के नीचे जाकर डर कुछ कम हो गया। हम सभी पहले की तरह अब ज्यादा बात भी नहीं करते और ज्यादा तर एक दूसरे का शकल देखते रहते थे। आशीष जो हमेशा खुश रहता था, वह भी आज दुखी और डरा हुआ था। मुझे यह बड़ा अजीब लगा, जो लड़का अपनी मौत से नहीं डरता, वह दूसरे की मौत से इतना कैसे डर सकता था? मुझसे रहा नहीं गया और मैं उससे बोला–"और आशीष! तुम इतने डरे हुऐ क्यों हो?" "तुमको तो अपनी मौत से भी डर नहीं

लगता तो भला दूसरे की मौत से इतना क्यों डरे हुऐ हो?''

आशीष – ''तुम्हारी बात बिल्कुल सही है, मुझे 'एड्स' है, आज मर जाऊँ या कल, कुछ पता नहीं लेकिन मुझको इससे डर नहीं लगता जितना आज राहुल के मरने पर लग रहा है।''

सुमित बहुत देर से चुप्पी साधे हुये था और वह अचानक प्रवचन वाली बातें करने लगा जैसेकि वह बोला–''दूसरे का दर्द– दर्द समझ में नहीं आता लेकिन दूसरे का डर, अपना डर समझ में आता है'', यह बहुत अजीब 'स्टेटमेंट' था तो मैं सुमित से पूछा ''वो कैसे?'' सुमित जवाब दिया– ''देखो यार! जब हमें चोट लगती है तो उसका दर्द हमे ही पता चलता है कि– कितना दर्द हो रहा है, लेकिन हर कोई मौत से डरता है, वह डर सिर्फ उसे ही पता न चल कर, हर किसी को डराता है।'' मुझे तो उसकी बात समझ में नही आयी लेकिन इतना जरूर समझ में आ गया था कि जो अभी हम लोग डर से चुप्पी साधे हुये थे, वह चुप्पी भंग हो गयी थी और हम लोगों का मुंह खुल गया था।

आशीष को रहा नहीं गया, वह तुरन्त बोलने लगा कि – ''क्या बकवास कर रहे हो, मुझे तो डर ही नहीं लगता कि मैं मरने वाला हूँ तो मुझसे लोग नहीं डरेंगें?''

मैं – ''हां तुम्हारे मरने पर भी हम लोग डरेंगे।''

आशीष बोला – ''मैं फांसी लगा कर नहीं मरने वाला हूँ।''

मैं – ''क्यों? सड़–सड़ कर मरेगा क्या?''

आशीष –''नहीं यार, क्या पता, मैं ना मरू लेकिन फांसी लगाऊंगा तो जरूर मर जाऊंगा।''

मैं – ''हाँ ठीक है, मरना है तो भगवान की मर्जी से मरो, अपनी मर्जी से मरना भी क्या मरना है?''

आशीष – " हाँ, सही कह रहे हो।" कुछ देर सोचने के बाद– "यार, राहुल को फांसी नहीं लगाना चाहिये था, मुझे देखों, मैं मरने वाला हूँ। एक वह है जो बिना किसी वजह के फांसी लगा लिया, वह कितना कायर है।"

उसकी यह बात सुनकर मेरा दिमाग खराब हो गया और मैं उससे बोला– "वह कायर नहीं है, तुम उसे जीने नहीं दिये, तुम हो उसके मौत के जिम्मेदार।" वह मेरी बात सुन कर सन्न रह गया और उसे समझ में नहीं आ रहा था कि मैं क्या बोल रहा हूँ।

आशीष– "मैं उसको बोला था कि जाकर फांसी लगा लो।"

मैं – "नहीं, पर तुमने उसे मजबूर किया।"

आशीष हैरान होकर पूछा – "ये कैसे?"

मैं – "तुम हमेशा उसे परेशान करते थे और कहते थे– कि तुम तो किसी काम लायक नहीं हो।"

आशीष–"हे भगवान! मैं तो बस मजाक करता था।"

मैं – "हां, मुझे पता है कि तुम मजाक करते थे लेकिन यह बात उसके दिमाग में बैठ गयी कि 'वह कुछ नहीं कर सकता' तो वह जीने से अच्छा मरना समझा।"

सुमित – "तुम ये कैसे कह सकते हो कि यही वजह है?"

मैं – "यार ! जैसे हम लोग हैं, वैसे ही वह था, यहां पर हम लोगों को किस चीज की समस्या है?"

सुमित – "किसी चीज की नहीं।"

मैं – "वैसे ही उसको भी किसी चीज की परेशानी नहीं थी लेकिन वह इस बात से परेशान हो जाता था और हम लोग उसकी कमी जान भी चुके थे" तथा वह मजाक की बात को मजाक ही समझता था

लेकिन जब तुम उसको बोलते–''तुम कुछ नहीं कर पाओंगे'', वह इस बात को सच्च मानता और उसके चेहरे का रंग बदल जाता था।''

आशीष– ''यार मुझे पता नहीं था कि वह इस बात ऐसे दिल पर लेगा।''

मैं – ''यही तो सबकी परेशानी है कि उसे कुछ पता नहीं होता है। जिस चीज की, जिसके पास कमी हो, उस चीज का कभी मजाक नहीं उड़ाना चाहिये, नहीं तो कोई भी दिल पर ही लेगा।''

आशीष – ''यार मुझसे अनजाने में क्या हो गया?''

मैं – ''अब तो जो होना था, वह हो गया लेकिन आगे से ध्यान रखना।'', ''ऐसे ही हमारे समाज में बहुत से लोग पड़े हैं जो किसी के कमियों को अपने मजाक का विषय बनाते हैं और उसे मरने पर मजबूर कर देते हैं।''

– ''वह किसी औरत को प्यार देने में नाकाम था, यह हम कैसे कह सकते हैं?'' हम लोग जी. बी. रोड गये थे, वहां का जो माहौल था, उसको देखकर किसी का मूड ना बने लेकिन हम लोग स्थिति पर काबू पाते हुये मूड बना लिये पर वह अपना मूड नहीं बना पाया और कुछ नहीं कर पाया तथा अक्सर ऐसा होता है कि पहली बार में कोई भी आदमी जल्दी रिलैक्स हो जाता है और उसे लगता है कि वह किसी काम का नहीं है लेकिन ऐसा नहीं होता है, वह जो वहम हमारे दिमाग में बैठता है, वह सब गलत होता है, लेकिन कोई उसे बार–बार किसी से बताये तो वह मौत का कारण बनता है।''

आशीष मेरी बात सुनकर बहुत गलती महसूस कर रहा था और रोते हुये बोला– ''इस पाप का प्राश्चित क्या है?''

मैं – ''अब प्राश्चित क्या करोगे, तुम्हारे पास भी वक्त कम है और मौत तुमको बुलाने, कब आ जाये किसी को कुछ पता नहीं।''

"हाँ, एक काम कर सकते हो कि अब जीतने भी दिन जींदा हो, किसी के कमी पर हंसने के बजाय, उसका हौंसला बढ़ाओंगे और हमेशा ध्यान रखना कि जिस बीमारी के शिकार हो वह बीमारी तुम्हारे द्वारा किसी और को ना हो तथा तुम खुद ख्याल रखोगे कि जो चीज तुम ने इस्तेमाल किया है, उसे खुद ही फिकवाओगे। जैसे की सेविंग की ब्लेड, नाई से खुद आँखों के सामने फिकवाओंगे, अपना रक्त किसी के इस्तेमाल के लिए नहीं दोगे तथा सुरक्षित यौन संबंध बनाओगे।"

आशीष – "हाँ, मैं ये सब करूँगा और हमेशा इसका ख्याल रखूगाँ और इंजेक्शन की 'सूई' तथा 'इंजेक्शन' खुद बच्चों से दूर फेकूँगा। जिससे किसी को मेरी बीमारी ना हो और यही फर्ज बनता है कि अगर हम बीमार हैं तो इसका ख्याल रखे कि यह किसी और को बीमार ना बनाये।"

आशीष की ऐसी बातों से मुझे समझ में आने लगा कि उसको अपनी गलतियों का बहुत पश्चाताप है और वह इन चीजों का आगे बहुत ख्याल रखेगा। पर आगे की बातों पर क्या सोचना, अभी हमारा एक दोस्त, साथ नहीं था। हम लोग हमेशा रोमांस की बातें करते और अपने–अपने किये हुए रोमांस को एक दूसरे से शेयर करते। इससे उसके मन में अपने प्रति, और हीन भाव पैदा होने लगा कि ये लोग जैसा कर पाते हैं, शायद मैं नहीं कर पाऊँगा। लेकिन 'ऐसा कुछ नहीं था', क्योंकि हम जो भी करते उसमें मक्खन लगा कर, बढ़ा–चढ़ा कर बताते। इस प्रकार सुनने वाला अगर हम लोगों से अपनी तुलना करे तो वह अपने आप को कम पायेगा और दुखी हो जायेगा।

ये तो हर किसी की आदत होती है जो – अगर वह पांच मिनट कुछ करता है तो पैंतीस मिनट बताता है। मुझे बहुत बुरा लगा, जब वह फाँसी लगा लिया। मुझे यह एहसास होता था कि वह कुछ परेशान है लेकिन मैं उसे समझा नहीं पाया की यह कोई बहुत बड़ी बीमारी नहीं है, यह तो कुछ सरल उपाय करने से ही ठीक हो जाता है। जैसे कि

हमें पौष्टिक आहार न मिलने पर ऐसा महसूस होता है तो हमें अच्छे से खान–पान करना चाहिये और रोज रोटी का सेवन करना चाहिये। अगर हमें इस समस्या से छुटकारा चाहिये तो कुछ चीजें जैसे लहसुन, मिर्च, तरबूज, अनार, केला, बादाम, घी, और रेडवाइन का सेवन बढ़ा देनी चाहिये। वैसे मैं रेडवाइन का तो सलाह नहीं दूँगा लेकिन यह भी इनमें फायदे मंद है।

मैं जब भी उससे इस विषय पर बातें करता और उसे प्रोत्साहित करने की कोशिश करता, बीच में आशीष आ जाता और मजाक कर के बाधा उत्पन्न करता। मैं उसको किसी डॉक्टर से इलाज कराने के लिये सलाह दिया तो वह किसी डॉक्टर के पास गया था और डॉक्टर उससे बोले कि उसकी नसे खराब हो चुकीं हैं और वह ठिक तो हो जायेगा पर ज्यादा खर्चा आयेगा। इस तरह वह उससे ज्यादा खर्चा बताकर उसे और हताश कर दिये। हम लोगों के पास इतने पैसे थे ही नहीं तो भला वह अपना इलाज कैसे कराता। बाजार में ऐसे बहुत से डॉक्टर पड़े हैं जो ऐसे मरीजों से ज्यादा पैसा ऐठते हैं। अगर कोई डॉक्टर फिश के तौर पर और ज्यादा टेस्ट सेन्टर वालो से कमीशन मांगे तो उसके खिलाफ कार्यवाही होनी चाहिये, क्योंकि आम जनता इनके द्वारा बहुत ठगा जाता है और कमीशन की वजह से किसी भी टेस्ट का मूल्य ज्यादा हो जाता है। इसका जीता–जागता उदाहरण है–'वाराणसी' यानी 'बनारस', जहां पर डॉक्टर प्राइवेट में इलाज करते हैं और इस महान कार्य में माहिर हैं।

इस तरह ज्यादा पैसे मांगे जाने पर वह इलाज नहीं करा पाया। धीरे–2 हम लोगों को राहुल की याद और उसके मौत की वजह पर बहस, इतना उल्झा दिया कि अब संवेरा होने वाला था और आंखे अपने आप बन्द होने लगी थी तथा डर तो कोषों दूर चला गया था। धीरे–धीरे मैं वहीं नींचे बैठकर सोने लगा तथा आशीष और सुमित भी मेरी तरह वहीं नीचे सो गये।

''अजीत–अजीत'' मुझे कोई बुला रहा था, वह रो रहा था और चिल्ला रहा था लेकिन मैं उसको सुन नहीं पा रहा था, तो वह एक लकड़ी का गुट्खा मेरे ऊपर फेंका। वह इतना बड़ा नहीं था कि मुझे ज्यादा चोट लगे पर जैसे ही वह अभी मरे ऊपर गिरने वाला ही था, मैं उसको रोकने के लिये अपने दोनों हाथों को आगे किया तो देखा, वह राहुल था जो मेरे ऊपर लकड़ी का गुट्खा फेंक कर हंस रहा था। मैं उससे बोला–''चोट लग जाती तो।''

राहुल– ''ज्यादा नहीं लगती, थोड़ी सी ही तो चोट लगती।''

मैं – ''क्या बकवास कर रहे हो?''

राहुल चिल्लाने लगा तथा जोर–जोर से रोने लगा, जैसे उसे बहुत ज्यादा चोट लगी हो। बार–बार अपना गला पकड़कर रोता, दर्द से कहँरता और चिल्लाता।

मैं झल्ला कर बोला – ''क्या हुआ, क्यों चिल्ला रहे हो?''

राहुल और तेज–तेज चिल्लाने लगा और मैं अपना कान बन्द कर लिया। उसके इस तरह रोने से और इतना चिल्लाने से मैं परेशान हो गया और चुपकराते हुये बोला– ''मेरे भाई , मेरे दोस्त। क्या हुआ, क्यों इतना रो रहे हो?''

वह रोना और चिल्लाना बन्द किया तथा सिसकारियां भरते हुये बोला– ''मेरा गला बहुत तेज दुख रहा है, मैं कुछ बोल नहीं पा रहा हूं, और जब बोल भी रहा हूं तो बहुत तकलीफ हो रही है। इतना कह कर वह फिर से रोने लगा और चिल्लाने लगा।''

फिर मैं उसे चुप कराया और बोला– ''क्यों गला दुख रहा है?''

राहुल– ''कोई मुझे नहीं सुनता, मैं कब से चिल्ला रहा हूँ। ये देखों, आशीष कैसे लेटा पड़ा है, सुमित को देखो, उसके ऊपर चढ़ा जा रहा है।''

मैं चिल्लाया– "मैं तुमसे कुछ पूछ रहा हूँ कि तुम्हारा गला क्यों दुख रहा है, तुम क्यों इतने जोर–जोर से रो और चिल्ला रहे हो?"

राहुल मेरे प्रश्नों का जवाब न देकर कुछ और ही बड़बड़ाया जा रहा था।

राहुल बार–बार रोता और चिल्लाता, मेरे पूछने पर, वह इसका कारण नहीं बताता बल्कि बार–बार यही दुहराता – "मेरा गला दुख रहा है, मैं चिल्ला रहा हूँ, बुला रहा हूँ, मुझे कोई नहीं सुनता।"

"मैं बहुत अकेला हूँ।" बोल कर सिस्कने लगता।

मुझे कुछ समझ में नहीं आ रहा था कि क्या हो रहा है? मैं चुपचाप राहुल की बातें सुनता, वह बस उटपटांग सी बातें कर रहा था।

राहुल चिल्लाते और रोते हुए बोला – "मुझे–माफ कर दो, मुझसे गलती हो गयी, मुझे माफ कर दो।"

मुझे ये सब कुछ समझ में नहीं आ रहा था कि उससे क्या गलती हो गयी है? वह अपना गला पकड़ कर क्यों रो रहा है? मैं कुछ बोलता या पूछता, वह फिर बड़बड़ाना शुरू कर देता – "प्लीज मुझे माफ कर दो", और आशीष को देखकर बीच–बीच में हंसता भी रहता था, मुझे ये उसकी अजीबों–गरीब हरकत कुछ ठीक नहीं लगती और उससे मुझे डर भी लगता था। मुझे वह कुछ बोलने भी नहीं दे रहा था। ये सब शायद उसके गले में दर्द की वजह से था। मैं उसे सुनता रहा और वह बड़बड़ाता रहा। अचानक वह आशीष का नाम लेकर चिल्लाने लगा लेकिन आशीष आराम से सोया हुआ था, वह जगने का नाम नहीं ले रहा था, तो वह अपने 'दोनों हाथों से उसका पैर खींच रहा था, लेकिन उसके ऊपर कोई असर नहीं हो रहा था, तो वह और जोर–जोर से रोने लगा और मुझसे बोला – "मैं कितना मजबूर हूँ? मैं किसी को छू भी नहीं सकता और ना ही कोई मेंरी बात सुन सकता है तथा मैं न तो किसी को अपना दुख बता सकता हूँ, पहले ही ठीक था, कम से कम

अपने गम को भूलाने के लिए अपने दोस्तों का सहारा ले लेता था लेकिन अब कोई मेरा दोस्त नहीं है।''

''मैं तो अभी भी दुख में हूँ। मैं बस अपने शरीर को मिटा पाया हूँ, ना कि अपने दुखो को। सिर्फ मैं अपने शरीर को त्याग कर अदृश्य हो गया हूँ पर मैं यहीं हूँ। मुझे कोई नहीं देख सकता लेकिन मैं लोगों को सिर्फ और सिर्फ देख सकता हूँ। इसके सिवाय ना तो किसी से बात कर सकता हूँ और ना ही कोई मुझे सुन सकता है। मैं ये घिनौना काम कर के पश्चाताप कर रहा हूँ। माना की मैं लोक लज्जा बस ये सब किया परंतु लोगों की ना सुनकर अपने दिल की सुना होता तो मैं अपने इस दुःख को खुशी में बदल सकता था तथा अपने माँ–बाप की सेवा करता, समाज में दीन–दुखियों की सेवा करता तो मेरे पास हर तरफ से खुशियाँ ही खुशियाँ आती। परंतु मैं ऐसी मुर्खता कर बैठा।''

''एक आशीष को देखो, जिसे 'एड्स' है फिर भी जीने की इच्छा रखता है, वह मरने के करीब है फिर भी मरना नहीं चाहता, इस बात से वह परेशान नहीं बल्कि खुश है कि जितने दिन जीयेगा खुशी–खुशी जीयेगा। लेकिन मैंने क्या किया, बीमार था, ठीक हो जाता या नहीं भी ठीक होता तो अपने माँ–बाप के बीच चला जाता तथा अपनी पूरी जिंदगी समाज के सेवा में लगा देता, तो भी इस दुनिया से ठीक था। मैं अपना शरीर त्याग कर अपने आप को दलदल मे डाल दिया हूँ।''

''अब मुझे समझ में आया कि आत्महत्या करने से केवल शरीर नष्ट होता है और हम अदृश्य हो जाते हैं लेकिन सब कुछ पहले जैसा ही रहता है, दुख कम नहीं बल्कि ज्यादा हो जाता है जिस वजह से ये काम करना पड़ता है वह परेशानी तो रहती ही है तथा हम अपने आप को, समय के गुलाम बना लेते हैं।''

''जो हम इंसानी दुनिया में 60–70 साल बाद मुक्ति पातें हैं, वह इस दुनिया में बढ़कर पांच–छः गुनी हो जाती है और हम समय के साथ कैद हो जाते है।''

"अजीत, मैं जा रहा हूँ" कह कर चिल्लाने लगा और आखिरी तक बड़बड़ाता रहा– "अब मेरा अन्दर जाने का समय हो गया है, अब मैं बाहर नहीं रह सकता।" बोलते हुये, रोते हुये तथा चिल्लाते हुये वह बिल्डिग की छत से नीचे कुद गया। मैं घबराकर उसको रोकने की कोशिश किया परन्तु वह रूका नहीं, तुरन्त चिल्लाते हुये कुद गया।

जब वह नीचे कुदा मेरी नींद खुल गयी और मैं चिल्लाते हुये जग गया। मैं इतनी तेज चिल्लाया कि सुमित और आशीष भी जग गये। सुमित घबराकर बोला– "क्या हुआ– क्या हुआ? सब ठीक तो है।"

मैं–"हां ठीक है, मैं राहुल का स्वप्न देख रहा था, वह अजीबों गरीब बातें कर रहा था। उसकी आत्मा भटक रही है।" "वह यहीं आस–पास है।" इतना सुनकर आशीष और सुमित की हालत खराब हो गई। मुझे रात का स्वपन हमेशा याद रहता है, मैंने पूरी बात आशीष और सुमित को बतायी। वह ये सब सुन कर और डरने लगे और हम लोग राहुल को याद कर के रोने लगे।

इस तरह वह बिल्कुल सत्य कह रहा था कि हम अपने परेशानियों से परेशान होकर आत्म–हत्या तो कर लेते हैं लेकिन हमारी परेशानी कम नहीं होती है बल्कि और बढ़ जाती है, क्योकि मरने से सिर्फ शरीर नष्ट होता है और हम वहीं रहते हैं तथा भूख–प्यास सब लगती है। जिस तरह हमें कष्ट होने पर दर्द महसूस होता है वैसे ही मरने के बाद तकलीफ होने पर दर्द महसूस होता है। तो परेशानी आने पर आत्महत्या 'समाधान' नहीं बल्कि और परेशानी बढ़ाना है। "आत्म हत्या" का मतलब सिर्फ लोगों के नजरों से दूर होना और अपने शरीर को नष्ट करना है।

इस प्रकार काफी सवेरा हो चुका था और नींद भी भाग चुकी थी। रात में बहुत कम सोने के बावजूद भी आंखे खुली की खुली थी। हमलोग वहीं छत पर अपना समय काट रहे थे क्योंकि नीचे आने में डर लग रहा था लेकिन नीचे तो जाना ही पड़ता तो हम लोगों ने

निश्चय किया कि कमरें में एक साथ जायेंगे और केवल अपना समान निकाल कर हमेशा–हमेशा के लिये उस जगह और उस बिल्डिंग से दूर चले जायेंगे। लेकिन अफ़सोस इस बात का था कि हम लोग चले जायेंगे परन्तु राहुल की आत्मा वहीं, उसी कमरे में कैद रहेगी और हम लोग उसे अपने साथ नहीं ले जा पायेंगे, क्योंकि वह वहां था लेकिन अदृश्य और समय का गुलाम था।

23

हमारी वापसी

हम आये चार थे लेकिन वापस बस तीन को ही जाना था तो थोड़ी सी परेशानी थी। क्योंकि हम लोगों का सारा सामान इक्ट्ठा उसी कमरे में था और राहुल का सामान वहीं छोड़कर जाना था। सामान अलग करने में कोई परेशानी नहीं थी लेकिन उस कमरे में जाने पर हम लोगों की हवा खराब हो जाती थी, ये थोड़ा मुश्किल काम तो था ही। लेकिन जो भी हो करना तो पड़ता ही। इस प्रकार हम लोग एक साथ कमरे में डरते–डरते गये और जल्दी–जल्दी अपना–अपना बैग उठाकर उसमें अपने कपड़े और अपने जरूरी सामान को भरने लगे। हम लोग जल्दी में थे लेकिन काम ध्यान से कर रहे थे। क्योंकि अगर राहुल का एक भी सामान साथ में चला जाता तो उसकी याद तो आती ही, इससे ज्यादा डर लगता और राहुल सपने में अपना समान मांगने आता और डराता।

हम लोग कम से कम समय में अपने बिखरे हुये सामानों को बैग में समेट लिया तथा जल्दी–2 वहां से जिस हालत में थे, उसी हालत में भागे। कमरे से बाहर जाते–2 हम लोगों ने राहुल से माफी मांगी और कहा–'' प्लीज राहुल, हम लोगो से जो भी गलती हुई हो, माफ कर देना और तुम्हारे सामान थोड़ा जल्दी–बाजी में बिखर गये हैं तो

नाराज न होना तथा अपना ख्याल रखना और खुश रहने की कोशिश करना। हम लोगो को, तुम को अकेला छोड़कर जाने में बहुत दुःख है। लेकिन हम लोग इसके अलावा कुछ कर भी नहीं सकते।''

इतना कहते हुये बाहर निकले, ऐसा महसूस हुआ कि कोई चीख़ रहा है, चिल्ला रहा है और रोते हुये बिनती कर रहा है कि ''प्लीज मुझे अकेला छोड़ कर मत जाओं और हम लोगों के जाने पर मानों उसके ऊपर मातम छा गयी हो। लेकिन हम लोग मजबूर थे, क्योंकि आज यहां से वापस नहीं जाते तो वह पुलिस वाला परेशान करता और हम लोगों की पहले से ही फटी पड़ी थी कि कब इस जगह से झुटकारा मिले। वह समय आ गया था लेकिन हम लोग राहुल को अंधकार और बुरे वक्त में छोड़कर जा रहे थे। यह सब भगवान की मर्जी थी क्योंकि राहुल अब हम लोगों से अलग और अनदेखा, अनजानी दुनिया में था जो किसी के साथ नहीं जा सकता और वक्त का गुलाम था।

हम लोग 'दिल्ली' आये थे बहुत खुश होकर लेकिन वापस जा रहे थे अपने 'दिल' को दुखा कर। 'कानपुर' से 'दिल्ली' पुलिस की ही वजह से आये थे लेकिन वापस भी इनकी ही वजह से जा रहे थे। मन बहुत उदास था और दिल दुखों से भरा हुआ। आंसू अपने आप आंखों से अलग हो रहे थे तथा राहुल की याद हम लोगों को अपने आगोश में ली हुई थी। एक पल भी उसकी याद के बगैर नहीं बीतता था ।

हमलोग 'पुरानी दिल्ली' पहुंचे और वहां पर लोगों के बीच में जाकर थोड़ा अच्छा महसूस किये तथा अब डर भी खत्म हो गया था। रेलवे स्टेशन के अलावा समय काटने के लिये और कोई जगह नहीं थी। तो हम लोग पुरानी दिल्ली रेलवे स्टेशन पहुँचे, वहाँ पर जाकर ट्रेन का पता लगाया तो उस वक्त कोई भी ट्रेन नहीं थी। जो भी ट्रेने थीं वह सब दोपहर के बाद की थीं तो हम लोगों ने प्लेट फार्म पर चदर डालकर वहीं डेरा डाला। वहां पर पहुंचकर कुछ शकुन मिल रहा था और भीड़भाड़ में डर भी 'छू मंतर' हो गया था। नींद की वजह से आंखे

अपने आप बन्द हो रही थीं लेकिन डर लग रहा था कि हम लोगों की किस्मत तो वैसे ही खराब थीं और अगर कोई सामान लेकर भाग जाता तो किस्मत की 'ऐसी की तैसी हो जाती।' हम लोग वहीं प्लेट फार्म पर अपना समय काटते रहे और राहुल को याद करते रहे। अब भूखे पेट रहने से राहुल वापस नहीं आने वाला था तथा भूख से हालत खराब तो थी ही, हम लोग वहीं स्टेशन पर फ्रेश हुये और स्नान किये तो थोड़ा ताजापन महसूस हुआ। आशीष मुझसे बोला–''यार बहुत तेज भूख लगी हैं।'' भूख तो मुझे भी लगी थी तो मैं बोला–''अब रोने से क्या होगा? हम लोग आज संकल्प लेते हैं कि जिंदगी में चाहे जितने गम आ जाये आत्महत्या नहीं करेंगे और हर एक व्यक्ति के दुःख दर्द को समझेंगे तथा जितना बन पायेगा उतनी सहायता करेंगे।''

आशीष और सुमित भी मेरे साथ संकल्प लिये और हम लोगों ने यह भी दृढ़ निश्चय किया की हर व्यक्ति को आत्म–हत्या के बाद जो बुरी जिंदगी होती है, उसके बारे में बतायेंगे और लोगों को ऐसीं 'घिनौनी उपाय' को गलत बतायेंगे। इसके साथ ही जिंदगी में आने वाली परेशानियों का डटकर सामना करना ही जिंदगी होता है और लोगों की जिंदगी जैसी प्यारी चीज का मतलब समझाना हर एक पढ़े लिखे व्यक्ति का फर्ज है।

अपने मन में अच्छे विचार लिये हुये भगवान से बिनती किये कि – ''हे भगवान! राहुल के आत्मा को शन्ति देना और जल्दी से जल्दी उसे उसकी दुनिया से मुक्ति देकर अपने पास बुला लेना और उसने जो गलती की है, उसको क्षमा करना।''

आशीष बाहर गया और खाने के लिये कुछ 'केले' और 'पूड़ी–सब्जी' खरीद कर लाया। हम लोगों ने सबसे पहले राहुल के नाम पर थोड़ा सा पूड़ी और सब्जी नीचे डाल दिया और फिर खाया। खाना खाकर बहुत अच्छा लगा तथा धीरे–2 समय भी कट चुका था और कुछ ही घण्टों में ट्रेन आने वाली थी। हम लोग राहुल से अलग हो चुके थे फिर

भी ऐसा लग रहा था कि वह हमारे पास है और जो हम लोग कर रहे हैं, वह भी वही कर रहा है। इसी वजह से उसे भूखा जानकर थोड़ा सा पूड़ी–सब्जी बाहर निकाल दिये लेकिन ये सब हम लोगों का वहम था, वह तो वहीं उसी बिल्डिंग के कमरे में बन्द था।

कुछ घण्टो बाद ट्रेन आयी जो यहीं से बनकर चलने वाली ट्रेन थी, जिसमें हम लोग जनरल बोगी में जाकर बैठे। इस बार ट्रेन यहीं से बनकर चली थी इस वजह से थोड़ा सा धक्का–मुक्की करने के बाद जगह मिल गयी। जब तक ट्रेन चली तब तक पहले की ही तरह भीड़ बढ़ गयी। जो जैसे–जैसे आता गया अपने लिये जगह बनाता गया। ट्रेन हमेशा की तरह चलना शुरू कि और हम लोग धीरे–2 आगे बढ़ते रहे। इस बार भी ट्रेन में बहुत सारी लड़कियां थीं पर मैंने ऐसा कुछ नहीं किया जैसा कि आते वक्त किया था और मुझे समझ में आ गया था कि ये सब बहुत गलत चीज है और इनसे कुछ मिलना भी नहीं है।

मन ही मन भगवान से क्षमा मांगा और हमेशा के लिये ऐसी आदत को छोड़ दिया। उस वक्त राहुल की कम लेकिन आशला की बहुत याद आ रही थी। मैं मन ही मन उसको याद कर के, दो बूंद प्यार के नाम की, आंसू बहाया और उससे क्षमा मांगा कि जो भी जाने – अनजाने में गलती हुयी हो, मुझे माफ कर देना। मैं उसको कई बार फोन किया लेकिन वह मुझे माफ करने के लिये तैयार नहीं थी और न ही मुझसे किसी तरह की बात करना चाहती थी। मैं उसको बता भी नहीं पाया कि मैं हमेशा के लिये 'दिल्ली' छोड़कर जा रहा हूं और शायद कभी वापस न आऊँ।

सुबह करीब दो–तीन बजे ट्रेन कानपुर पहुंची, आशीष और सुमित वहीं उतर गये और बोले कि – "यहां से दूसरे ट्रेन से हम लोग अपने–2 घर जायेंगे।" यह हम लोगों का आखिरी साथ और आखिरी मुलाकात थी। इसके बाद शायद हम लोग जिंदगी में कभी न मिले। मैं उनको अपने घर का फोन न. दिया और बोला मरने से पहले एक बार जरूर याद करना।

आशीष हंसने लगा और बोला जल्दी ही तुम्हारे पास फोन आयेगा। उसकी बात सुनकर, मैं रोने लगा लेकिन वह और हंसने लगा तथा बोला– ''मरने वाला कितना खुश है और न मरने वाला रो रहा है।''

मैं आसू पोंछते हुये बोला–''नहीं यार तुम लोगों की बहुत याद आयेगी लेकिन फिर कभी हम लोग मिल नहीं पायेंगे।''

आशीष– मुस्कराते हुये बोला–''मैं तो नहीं पर कोशिश करोगे तो सुमित जरूर मिलेगा।''

हम सभी आंखों में आंसू लिये एक दूसरे के गले मिले और अल्बीदा कहा। ट्रेन चलने के लिये आवाज देने लगी तो मैं वापस ट्रेन में आकर बैठ गया और उनसे बिदा लिया। वे दोनों मुझे बिदा किये और हमेशा खुश रहने के लिये कहा। उनके आंखों में आंसू था फिर भी मुस्करा कर अपना मुस्कराता हुआ चेहरा हमेशा के लिये हमारे जेहन में छोड़ गये। दो दिन पहले हम चार लोग थे और अब मैं अकेला बच गया था।

किसी ने सच ही कहा है–''दुनिया गोल है तथा यहां सब कुछ गोल–माल है और लम्बे समय तक चलते जाओं, जहां से चले थे वहीं पहुंच जाओंगे।'' मैं लखनऊ रेलवे स्टेशन पर उतर गया और फिर सोचा सैनिक स्कूल चलता हूं लेकिन हिम्मत नहीं हुयी। मैं वहां से दूसरी ट्रेन लेकर वापस अपने घर के लिये चल दिया।

•

24

सैनिक स्कूल से अलविदा

सुबह सात बजे मेरी ट्रेन मेरे स्टेशन पर पहुंची। मैं अपना सामान लेकर स्टेशन पर उतर गया और सोच रहा था कि अब यहां से घर जाऊँ या नहीं जाऊँ, क्योंकि मुझे घर से भागे हुए बहुत दिन हो गये थे और मेरे पिताजी बहुत नाराज होंगे। वह मेरे पढ़ाई पर बहुत ध्यान देते थे और अगर पढ़ाई में, मेरी वजह से कोई कमी आयी तो वह मुझे माफ नहीं करने वाले थे। मैं डर भी रहा था और ये भी सोच रहा था कि उन लोगों की हालत खराब होगी तथा मुझे ढूंढ़–ढूंढ़ कर परेशान होंगे। लेकिन अन्दर से आवाज आ रही थी कि अगर अभी मैं गया तो मेरी बहुत पीटाई होगी। इस वजह से मैंने सोचा, रात में जब सब लोग सोने जा रहें होंगे तो वहाँ पहुँच जाऊँगा। लेकिन अभी तो सुबह के सात बजे थे। तकरीबन शाम के सात बजे तक जाने का प्लान बनाया। यह कोइ बड़ा स्टेशन नहीं था कि यहां पर समय बीताया जाय, यहां पर भी बीताया जा सकता था लेकिन यहाँ पर कोई न कोई देख लेता और सारा प्लान चौपट हो जाता। बहुत सोचने के बाद मेरे माइण्ड में एक उपाय आया कि – ''क्यों न, दूर तक घूमते हुये घर पहुंचा जाय, जिससे समय भी व्यतीत हो जायेगा और घर भी पहुँच जाऊंगा। इस प्लान के अनुसार मैं सोचा, पहले यहां से 'भोरे' चलता हूं फिर 'भोरे' से 'भिंगारी बाजार' और भिंगारी बाजार के पास 'छपिया' मेरा गांव ही

था। मैं फिर बिना टिकट, तीन स्टेशन वापस आया और 'भटनी रेलवे स्टेशन' उतर गया। यहां से मैं टैक्सी स्टैण्ड गया और 'भेरे' जो बिहार में आता है, वह यहां से लगभग 'पच्चीस किलोमीटर' पर था, मैं वहां के लिए चल पड़ा। मेरे स्टेशन से मेरा घर सात किलोमीटर पर ही था, मैं सात किलोमीटर ना जाकर पच्चीस किलोमीटर तथा बारह किलोमीटर जाना उचित समझा।

धीरे–2 समय आगे बढ़ रहा था और मैं अपने लक्ष्य के करीब पहुँच रहा था। 'टैक्सी स्टैण्ड' पर तो मैं चला गया लेकिन कोई भी गाड़ी सीधा 'भोरे' नहीं जाने वाली थी, तो मैं और अपनी दूरी बढ़ायी, वहां से 'विजयी पुर' गया जो बिहार में 'भोरे' से बारह किलोमीटर के दूरी पर था। यहां पर टैक्सी का मतलब तीन पहिये वाला गाड़ी नहीं होता है, बल्कि यहां टैक्सी चार पहिये वाले बड़े से वाहन को कहते हैं जो कि अधिक से अधिक पन्द्रह लोगों को बिठा सकता है लेकिन यदि वह पन्द्रह लोगों को लेकर जाये तो ये बिहार में जाने वाली गाड़ियों का अपमान होगा। इस वजह से पन्द्रह की जगह पच्चीस लोगों को घास–भूसे की तरह ठूंस–ठूंस कर भर लिये और चलना शुरू किये। इतना लम्बा सफर मैं करके आया था लेकिन यह सफर बहुत ही मुश्किल और कष्टदायी था। अब तो मैं अन्दर ठूसा जा चुका था तो प्लान बदलने का कोई प्रश्न ही नहीं था।

यह टैक्सी धीरे–धीरे चलती और आवाज तो इतना करती की मानों इसे कितनी रफ्तार में चलायी जा रही है। 'टैक्सी' का इंजन 'पम्पुसेट' का था, जिसका काम होता है, जमीन के अन्दर से पानी खींचने का, अब वह ओवर लोड गाड़ी रोड पर दौड़ा रहा था तो उसकी आवाज फटने जैसे तो होगी ही। रोड कहीं एक हाथ अन्दर तो कहीं एक हाथ ऊपर, इस स्थिति में जब 'टैक्सी' का एक पहिया गड्ढे में पड़ा होता तो लगता था कि नीचे उतरकर धक्का मारना पड़ेगा लेकिन 'टैक्सी' ट्रेन की तरह रफ्तार बनाती और बाहर निकल आती फिर 'फूट–फूट' की आवाज करते हुये आगे बढ़ती। कभी–कभी तो ऐसा

होता था कि जब 'टैक्सी' का दाया पहिया नीचे और बाया पहिया बहुत ऊपर होता तो लगता था कि आज तक का ही धरती पर रहने के लिये समय है और अब इसको खाली करना पड़ेगा।

भगवान की दुआ से किसी तरह मैं 'विजयी पुर' कई घण्टों में पहुँचा। अब मेरी हालत खराब हो गयी थी। मैं यह सोच रहा था कि – 'कहां से, ये बकवास प्लान बना लिया, इससे अच्छा पापा का चार–पांच झापड़ होता। लेकिन अब जो हो गया, सो हो गया, आगे बढ़ने के आलावा कोई चारा नहीं था।

वहां 'विजयी पुर' से फिर यही कहानी दुहरानी थी लेकिन यह दूरी कम थी तो फिर हिम्मत करके यात्रा शुरू किया। फिर वही रोड़, वही टैक्सी, उसी तरह लोग। वहां से 'भोरे' तक आने में दो घण्टा लग गया और मैं अब भोरे में था। लेकिन सफर अभी समाप्त नहीं हुयी थी, मुझे यहां से अभी घर जाना था। यानी हाथी बाहर निकल चुकी थी बस पूंछ का बाहर आना बाकी था। लेकिन शाम के सात बजने के लिये समय अभी भी ज्यादा बाकी था। मैं यहीं इधर–उधर अपना समय व्यतीत कर रहा था और सोच रहा था कि घर जाना सही है या नहीं, मुझे कुछ समझ में नहीं आ रहा था तो मैं वहीं अपनी नानी के घर चला गया। मुझे इस तरह सब देखकर हैरान हो गये, क्योंकि मैं कभी भी इस तरह बड़ा सा बैग लेकर वहां नहीं गया था। आश्चर्य करने वाली ये बात है कि मैं इतने दिनों से घर से गायब था फिर भी किसी को इसकी खबर नहीं थी।

नाना जी पूछे– ''कहां से आ रहे हो? स्कूल से सीधा यहीं ...'', अभी वे कुछ कहते कि मैं बीच में बोलने लगा और बहाना बनाया कि– ''हमलोग गाड़ी से यहां तक आये हैं। हमारे साथ कुछ हमारे दोस्त भी थे और उनको लेने उनकी गाड़ी गयी थी तो मैं भी साथ में चला आया और सोचा अब यहां तक आ गया हूँ तो आप लोगों से मिलता चलता हूँ।'' नाना जी– ''बहुत अच्छा किये।'' ''आओं आराम करो तो

बाद में जाना।'' मुझे आराम तो चाहिये ही था, इन तीन दिनों में जिंदगी भागम– भाग सी हो गयी थी। मैं खाना खाकर आराम से सो रहा था, तब तक मुझे रोने की आवाज सुनायी दी। मेरी नींद खुल गयी। मैं आंखे खोला तो मुझे कुछ अजीब सा दिखायी दिया, मेरी मां रोती हुई, मेरे तरफ आ रहीं थी, मुझे ये समझ में नहीं आया कि ये यहां कहां से आ गयी। वह मेरे पास आयी और ढ़ेरों सारा आंसू बहाने के बाद बहुत खुश हुई, जो उनका लड़का कई महीनों से गायब था, अब वह वापस फिर मिल गया था। उनके खुशी का ठिकाना नहीं था। मैं तो बस सैनिक स्कूल में पढ़ना नहीं चाहता था तो वहां से भागा था, मैं गायब नहीं था, मुझे सब मालूम था कि वापस घर भी जाना है। मेरी माता जी के बताने के बाद नाना जी के घर वालों को मालूम चला कि मैं घर से गायब था।

जब सब रोना–धोना खत्म हो गया तो मैं ममी से पूछा–''आप को कैसे पता चला कि मैं यहां हूँ'' वह बोली– ''अपने गांव की एक औरत मुझे बतायी कि आपके लड़के को मैं एक बड़ा सा 'लाल' रंग का बैग लिये 'भोरे' में घूमते हुये देखी हूँ।'' ''तो मैं भागती हुई यहां चली आई।

इससे पहले भी मैं कई बार घर से भागा था लेकिन उनको कभी इतना रोता हुआ नहीं देखा। इस बार उनको ऐसा देखकर मैंने सोच लिया की अब कभी भी घर से या स्कूल से नहीं भागूंगा।

हम लोग अगले दिन अपने घर आये और हमारे गांव वाले तथा घर वाले मुझे देखकर बहुत खुश थे और पिताजी गुस्से से लाल हो गये। वह मुझे कुछ भी नहीं बोले, शायद वह सोचे–''अगर कुछ कहूँगा तो फिर से भाग जायेगा'' तथा अपना गुस्सा शान्त किये। वह रात में मुझसे बोले– ''कल तैयार हो जाना स्कूल जाना है।'' अब तो मेरी हालत खराब हो गयी। जिसके लिये इतना सब कुछ किया फिर वही मेरे पीछे पड़ गया। अब मैं कुछ दूसरा सोचा और रोने का नाटक किया कि मुझे वहां नहीं जाना है तथा वहां पर मुझे बहुत परेशानी होती है।

सभी लोग कह रहे थे कि – "मुझे वहां से निकाल दीजिये।" लेकिन मेरे पिताजी एक नहीं सुनने वाले थे। अगले दिन मुझे लेकर सैनिक स्कूल चले गये।

अब मुझे सैनिक स्कूल का गेट देखकर चक्कर आने लगा लेकिन मैं कुछ कर भी नहीं सकता था। मेरे पिताजी आगे–आगे जल्दी–जल्दी 'शास्त्री हाउस' के तरफ बढ़ रहे थे, मैं भी जल्दी–जल्दी उनके साथ–साथ चल रहा था। क्योंकि जब तक वे मेरे साथ थे, मुझे कोई भी कुछ कहने वाला नहीं था लेकिन जब वे चले जाते तो मेरे ऊपर सारे दानव की तरह टूट पड़ते। जैसे ही मैं शास्त्री हाउस के गेट पर पहुंचा 'एल.एम. भारती' जो एक लम्बा, चौड़ा, मोटा, काला और खड़ूस सा दानव अन्दर मैदान में खड़ा था। उस वक्त मेरे पिताजी मुझसे थोड़े से आगे थे और में थोड़ा उनसे दूर, पीछे–पीछे था। वह मुझे देखा तो मुस्कराने लगा और पहचान गया कि शिकार फिर पींजरे में आ गया है। वह मुझे देखकर बुलाया–"ओय! जुनियर"। मेरी तो हालत पहले से ही खराब थी, अब उस दानव के दर्शन करके और खराब हो गयी। मैं धीरे–धीरे उसके पास गया तो वह नाराज हुआ और बोला–"दौड़कर नहीं आ सकते हो।" मेरे पिताजी कुछ दूर चले गये और उनको लगा कि मैं उनके पीछे नहीं हूं तो वह पीछे मूड़कर देखे, तो वह दानव मेरे पास खड़ा था और मुझे डॉट रहा था। वे वहीं से बोले –"क्या हुआ?" वहां क्या खड़े हो जल्दी आओ।" दानव समझ गया कि मैं अपने पिता जी के साथ हूं। वह बोला–"बता नहीं सकते थे।" मैं कुछ नहीं बोला बस उसको देखता रहा। वह मुझसे बोला–"बाद में शाम को मुझे रिपोर्ट करना।" मैं मन ही मन उस दानव को गाली दिया और बोला–"यस सर" और मैं दौड़कर अपने पिता जी के पास चला गया, नहीं तो फिर कोई मिल जाता। मैं उनके पास गया तो वे पूछे– "वह क्या बोल रहा था?" मैं उत्तर दिया–" बस कुछ नहीं, यह पूछ रहा था कि इतने दिनों तक कहां थे।" वे बोले – "ठीक है।" "जल्दी से अपना सामान लगा लो और मुझे जाने दो।"

मेरी तो हालत पहले से ही खराब थी लेकिन दानव अब और खराब कर दिया था। आते ही आते रिपोर्ट करने की समस्या पैदा कर दिया था। इसका मतलब था, शाम को हॉकी–डण्डे और झापड़ का उद्घाटन करना। मैं जो हिम्मत जुटाया था कि –'स्कूल नहीं छोडूंगा यहीं मन लगाकर पढूँगा।' वह सब डर की हवा में बह गया और मैं फिर अपने पिता जी से बोलने लगाकि –''नहीं मैं यहां नहीं पढूंगा और आपके साथ चलूंगा।'' वे बहुत गुस्सा हुये और फिर समझाने लेगे कि यहीं पढ़ो सभी तो पढ़ ही रहे हैं। लेकिन मैं मानने वाला नहीं था। मैं अपने कमरे में गया तो देखा अल्मारी का ताला खुला हुआ था और कुछ कपड़े और छोटे–मोटे समान उसमें पड़े हुये थे, सारा कीमती समान गायब था, बस वही समान पड़े हुये थे जो कोई दूसरा उसे इस्तेमाल नहीं कर सकता था। मैंने उन बचे हुये सामानों को बैग में डालने लगा और ''मुझे बस यहां नहीं पढ़ना है''–रटने लगा।

वह मुझे बार–बार मनाते लेकिन मैं मानने वाला नहीं था। मेरे क्लास वाले और मेरे हाउस वाले सभी समझा रहे थे कि यहां से मत जाओं'। उनको सब पता था फिर भी मुझे वहां रोक रहे थे। मेरे नहीं मानने पर पिता जी ने दना–दन, दे दना–दन, पांच–छः झापड़ मार दिये और बोले– ''इससे भी ज्यादा सीनियर मारते हैं।'' मैं कुछ नहीं बोला और मन ही मन सोचा की – ''ये तो उसका पांच प्रतिशत भी नहीं है।'' मैं मार खाने के बाद फिर बोला– ''मुझे यहां नहीं रहना है, मुझे यहां के अलावा किसी भी स्कूल में डाल दो, मैं खूब मन लगाकर पढ़ाई करूँगा।'' अब वह कर भी क्या सकते थे? हम लोग वहां के अध्यापक से मिले, उन्होंने स्कूल छोड़ने का प्रोसेस बताया।

इस प्रकार मैं वहां से फार्म लिया और एक–एक डिपार्टमेंट में हस्ताक्षर के लिये घूमने लगा जैसे ही मैं क्लास रूम की तरफ पहुंचा फिर वह दानव 'एल.एम.भारती' मिल गया। उस समय वह अकेला नहीं था और भी कई दानव और खूंखार सीनियर उसके साथ थे। वह मुझे

देखकर घूरा और आंखे बड़ी–2 की तो उसे मेरे हाथ में कुछ फार्म दिखायी दिया। वह समझ गया कि एक और शिकार कम होने वाला है। उस समय मेरे पिताजी भी निराश होकर मेरे साथ–2, मेरे पीछे–2 चल रहे थे। वे सभी मेरे पास आये और मेरे पिताजी से बोले –''अंकल नमस्ते!'' मेरे पिताजी –''नमस्ते–नमस्ते'', ''आप लोग सीनियर हैं।''

दानव बोला – ''हां अंकल।''

मेरे पिताजी मेरे तरफ इशारा करते हुये बोले–''ये बोलता है कि सीनियर परेशान करते हैं।''

दानव बोला– ''वो अंकल थोड़ी बहुत तो रैगिंग हो ही जाती है, लेकिन मेरी गारंटी है कि आज से इसकी कोई रैगिंग नहीं करेगा।''

पिता जी खुश होते हुये बोले– ''आज से ये लोग तुमको परेशान भी नहीं करेंगे, तुम यहीं मन लगाकर पढ़ो।''

मैं– ''नहीं, मैं यहां नहीं पढ़ूँगा।''

दानव – ''आज के बाद तुम्हारी कोई रैगिंग नहीं करेगा, तुम आराम से यहां रहना और कोई कुछ कहे तो बोल देना, 'एल.एम. भारती' सर ने बोला है।''

मैं मन ही मन सोचा – ''ये बस चार दिन की चांदनी रात होगी फिर तो वही हॉकी–डण्डे वाली रात होगी।''

पिता जी बड़बड़ाये – ''ये यहां नहीं पढ़ेगा, इसका अब कुछ भी नहीं हो सकता है।''

मैं चुपचाप आगे बढ़ा और हर जगह से फार्म पर सबके हस्ताक्षर करवाया कि हमारा यहां पर कोई हिसाब या लेन–देन बाकी नहीं है। यहां पर दाखिला लेने में इतनी प्रक्रिया नहीं करनी पड़ी जितनी की यहां से वापस जाने में करनी पड़ी। अब मैं यहां से पूरी तरह आजाद था और अपना सारा सामान उठाकर अकेला गेट तक लाया।

मेरे साथ वाले डर की वजह से बाहर नहीं निकलते थे। इस वजह से मुझे ही सारा सामान उठाना पड़ा। मेरे पिता जी मुझसे बहुत नाराज थे तो वह आगे–2 भागे जा रहे थे और मेरा एक भी सामान उठवाने में कोई मदद नहीं कर रहे थे। सामान इतना भारी था कि अकेले उठाना बहुत मुश्किल था लेकिन यहां से जाने की खुशी की वजह से, मैंने सारा सामान अकेले ही उठाकर बाहर रोड तक लाया। थोड़ी देर बाद बस आयी और मैंने उसमें भी सारा समान अकेले ही रखा। मेरे पिताजी दूसरी सीट पर और मैं दूसरी सीट पर बैठकर वापस स्टेशन आये।

25
नई शुरूआत

स्टेशन वाली रोड पर मैं अपने सामानों के साथ उतरा, इस बार वह मेरे नीचे उतरने के बाद नीचे आये और स्टेशन की तरफ चलने के लिये तैयार हुये। मैं उनको रोकते हुये बोला–"ये सामान बहुत भारी हैं, इसमें हाथ लगाइये, उठ नहीं रहा है।" वह गुस्से से मुह बनाकर मेरे तरफ देखे और बिना कुछ कहे, बाक्स के एक साइड का हैण्डल पकड़कर उठाये। मैं दूसरे तरफ वाली हैण्डल को पकड़ा और बाकी का समान अपने कंधे में लटका कर धीरे–धीरे स्टेशन से प्लेटफार्म के तरफ बढ़ा। वे बस 'खाना–पूर्ति' कर रहे थे। वैसे भी मैं सारा समान अकेला कुली की तरह उठाया हुआ था। उनके उठाने, न उठाने से मुझे कुछ आराम नहीं था। मैं सोच रहा था कि उन्हें छोड़ने के लिये बोलूँ लेकिन वह और नाराज हो जाते, तो मैं प्लेटफार्म का इन्तजार कर रहा था कि जब प्लेटफार्म आयेगा तो, मैं समान घसीट कर ले जाऊँगा।

अभी प्लेटफार्म आया भी नहीं था कि वह गुस्से से बाक्स का हैण्डल छोड़ दिये और बोलें–"जब बात नहीं मानना है तो खुद ही अकेला बोझ उठाओ।" मुझे वहां पढ़ने से अच्छा, बोझ उठाना लगा, मैं फिर उसे उठाया और प्लेटफार्म तक लाया तथा वहां से खींचता हुआ

ट्रेन तक ले आया। वह चुपचाप बैठे हुऐ थे। मुझसे कुछ भी बात नहीं कर रहे थे, तो मैं उनको समझाने की कोशिश किया कि–'ऐसी जगह पढ़ने से क्या फायदा जहां पर पढ़ायी से ज्यादा हॉकी और डण्डे से पिटायी होती हो, कमरे में जितनी देर नहीं रहते, उससे कहीं ज्यादा समय शौचालय में बीताना पड़ता है। एक –एक पल डर और दहस्त में गुजरता है, तो हमारा भविष्य क्या उज्जवल होगा?''

उनको धीरे–धीरे मेरी बातें समझ में आने लगीं और उनका गुस्सा शान्त होने लगा। थोड़ी देर सोचने के बाद वह बोले–''वहां अकाउंट का भी एक कर्मचारी बोल रहा था कि आप अपने बच्चे को यहां से निकाल कर बहुत अच्छा कर रहे हैं।'' मुझे उनकी ये बात सुनकर बहुत अच्छा लगा और मैं समझ गया कि अब वह नाराज नहीं हैं।

वह मुस्कराते हुये बोले–''आगे अब क्या बनना है?''

मैं बड़े गर्व से बोला– ''इंजीनियर बनूगाँ।''

पिता जी हस्ते हुये बोले – ''जब ऐसे ही स्कूल से भागोंगे तो क्या इंजीनियर बनोगे?''

मैं उनसे बोला – ''आज के बाद कभी नहीं भागूँगा।''

''मन लगाकर पढ़ाई करूंगा।''

वह बोले–''चलो ठीक है, यह आखिरी बार तुम्हारे साथ जुवा खेल रहा हूँ और इसके बाद कहीं भागोंगे तो फिर जो करना होगा करना, मेरा तुमसे कोई रिश्ता नहीं होगा और तुम भूल जाना की ''मैं तुम्हारा बाप हूँ।'' मैं उनसे वादा किया कि– ''आज के बाद कहीं नहीं भागूंगा।''

वह मेरी बात मान गये और मैं फिर उसी स्कूल में आ गया जहां से मैं सैनिक स्कूल गया था। मैं अपने उन दोस्तों के साथ पढ़ने लगा जिनको छोड़कर मैं सैनिक गया था। वे मुझे देखकर बहुत खुश हुये।

पिता जी भी खुश थे कि मैं पढ़–लिखकर 'इंजीनियर' बनना चाहता हूँ और 'जो हुआ सो अच्छा हुआ' मान कर मुझे माफ कर दिये तथा घर चले गये। उन्होनें मुझे वहां से घर भी नहीं जाने दिया, बोले कि – ''लोग क्या कहेंगे?'' ''तुम बाद में कभी छुट्‌टी पर आना।'' मैं थोड़ा दुखी हुआ लेकिन बहुत खुश भी था, क्योंकि बड़े जेल से छुट कर अब छोटे जेल में आ गया था।

यहां दहशत कम था, बस इतने का ही फर्क था। मैं यहां पर मन लगाकर पढ़ायी करने लगा और अपने अतीत को एक स्वप्न समझ कर भूल गया।

थोड़े दिनों बाद मैं घर गया। मेरे लिये एक फोन आया तो बहन ने मुझे बुलाया कि –''भईया किसी आशीष का फोन है।'' मैं दौड़कर गया और अपने दोस्त 'आशीष' से बात किया। वह सही से बोल नहीं पा रहा था और मुझसे बोला–''अजीत, अब मेरे जाने का वक्त आ गया है और मैं खाट पर पड़ा हूँ। बहुत मजा आ रहा है।'' उसकी यह बात सुनकर मैं रोने लगा तो वह बोला–''यार जिंदगी में बहुत मजे किये हैं, इतना ज्यादा मजा हो गया है कि इसको रखने के लिए कोई जगह नहीं है, सब खाट पर इधर–उधन बिखरा पड़ा है।''

वह मरते वक्त भी 'मजे और खुशी' की बातें कर रहा था, इस प्रकार मैं भी सोचा अब उससे रोकर बातें नहीं करनी चाहिये। मैं भी उसको खुश करने वाली बातें किया। वह अन्त में फोन रखते–हुये बोला –''अब मैं राहुल के पास जा रहा हूँ, वह बहुत अकेला होगा।'' मैं अब क्या बोल पाता? बस मन ही मन आशीष और राहुल के आत्मा की शन्ति के लिये भगवान भोले नाथ से प्रार्थना किया।

वह फोन रख दिया और मुझे फोन करके अपना वादा निभाया। अब इस दुनिया में, मैं और सुमित बच गये हैं लेकिन आज भी सुमित की कोई खबर नहीं है।

जाने वाले तो आराम से ये धरती खाली कर के चले जाते हैं लेकिन तकलीफ तो उनको होती है जो उनके चाहने वाले हैं या उनके अपने हैं।

मैं मन लगाकर पढ़ायी करने लगा और इंजीनियर बनने का सपना पूरा करने के लिये वहां से इलाहाबाद 'राजकीय इण्टर कॉलेज' में दाखिला लिया और अपनी पढ़ायी जारी रखा, अपने किये गये वादे के अनुसार मैं फिर कभी घर छोड़कर नहीं भागा और पापा जी का सपना एक 'इंजीनियर' बनकर पूरा किया। मुझे आशला की याद आज भी आती है लेकिन तब से ले कर आज तक मेरी उससे कोई बात नहीं हुई, मैं एक साल बाद भी उसको फोन किया पर वह मानने के लिये तैयार नहीं थी। लेकिन वह कहती है कि –"तुम मुझे हमेशा याद रहोगे और मेरे दिल में रहोगे लेकिन हम दोनों एक नहीं हो सकते।"

मुझे ये जानकर अच्छा लगा कि मैं उसके दिल में हूँ यानी वह मुझे माफ कर दी लेकिन वक्त बहुत आगे निकल चुका था तो साथ मिलना मुश्किल है।

इस तरह मैं आज भी अपने दोस्तों और आशला को याद कर के खुश हो जाता हूँ तथा उनकी खुशी के लिये भगवान से दुआ करता हूँ कि–

"जो चाहो, वह जहां मिले तुमको

वक्त, बे वक्त हजारों दुआ मिले तुमको

अगर मिट जाये ये दुनिया

तो दूसरा ख्वाब सा सुन्दर जहां मिले तुमको।"